有時候
不加油也沒關係

MAGGY VAN EIJK

瑪姬・凡艾可——著　林麗雪、吳盈慧——譯

目錄

CHAPTER

1

在我們開始之前

Before We Begin

「這樣好嗎？」
「這樣可以嗎？」
「我們真的要這麼做嗎？」
這是我最常對自己說的話，有時甚至會大喊出來，徒勞地期待有誰能回答。對醫生描述我的焦慮時，我這麼說；吞下第一顆解憂喜（Citalopram）時，我這麼說；自己去急診時，我這麼說；考慮寫這本書時，我也這麼說。
寫下一件自己正在經歷的事情，真的好嗎？這就像是描寫自己仍在戰場上的一場戰爭，或是報導四周房舍正被震波摧毀的一起地震。
我內心深處知道：寫這本書是對的，因為它能幫助我繼續走下去。我的心理狀況有時就像一盒花街巧克力（Quality Street），各式口味一起出現。每次只有一種狀況，相對可以控制，但是當它們全部一起爆發時，感覺就像是腦袋著了火，只是旁人看不見火焰。除了手臂上像鐵軌一樣的疤痕之外，一切看起來都很平靜，萬事如常。
我希望藉著寫出自己的故事，藉著將腦袋翻轉出來、呈現原本看不見的東西，能幫助有類似處境、覺得自己困在戰壕無路可出的人。目前為止，我學到的是，無論情況有多糟，總會有一條逃脫路徑，而且每當你爬出來一次，就更能應對下一次的墜落。本書旨在提醒人們這一點，包括我自己。

基本上，心理疾病在騙你。它會告訴你，什麼都不對，你沒有未來。它會告訴你，你應該感到羞恥、你很惹人厭、你不配得到任何協助。這個被憂鬱和焦慮支配的世界極為寂寞，我想藉著這本書表達支持：「嘿，你並不孤單，我就在你身邊。」

話雖如此，每個人的心靈都是獨特的，儘管我們的背景和診斷聽起來很相似，但我的故事並不能涵蓋你的全部經歷。事實上，診斷可能是一件詭異的事。十七歲的時候，我被告知患有單極性憂鬱症（unipolar depression）；二十歲出頭時，一位醫師說我是雙極性情感疾患（bipolar，又稱躁鬱症），另一位的診斷則和上次一樣；最後，二十七歲那年，我被告知有邊緣性人格疾患（borderline personality disorder）。每次聽到新的診斷，我總是假想只要走出全科醫師[1]的診療室，一生就會改變，然而並非如此。相反地，我的心理狀態一樣棘手，必須咬牙苦撐才能勉強前進。

這本書不是特別針對我的邊緣性人格，但可能涉及這個情況的症狀。我會提到遊走於體內的憂鬱、焦慮、自我傷害和自尊，包括腦袋、皮膚、心臟及周遭的世界；也會談到我

1 又稱家庭醫學科醫師，英美醫療體系通常先看家醫科，確診之後才轉專科醫生。

們都經歷過的時刻：緊張、生氣、悲傷，或是三者兼而有之。當你跌落天坑時，當你感到迷茫時，就可以根據這張地圖，找出自己現在的位置，以及明天最有可能抵達的地方。

憂鬱絕對不等於悲傷，但我傷心極了。因此，這本書含括了能將我拉出腦溝的每日小提醒。那些貼滿牆壁、手機、筆電、鏡子和手背上的備忘或趣聞，全都統整在書裡，希望它們也對你有幫助。有些備忘則列成清單，我愛清單，它們能迫使在我腦裡旋轉的一團混亂變得有組織感。我記下每日待辦事項，有工作清單，也有回家後的清單；我做了大圖表，寫下每周目標、每月目標、年度目標。此外，也有一些自我獎勵，像是刺青、書籍、電影、音樂播放清單。

對我而言，清單最重要的一點是它們直接連結著未來，即使只是接下來的半小時就要做的事。清單告訴我必須撐住，告訴我還不要放棄，這就是我在書裡如此頻繁使用的原因。希望它們對你也會產生相同的效果。

我希望為你提供最佳建議，但是請務必記住，既沒有心理問題經歷的藍圖，也沒有一體適用的解決方案。我發現閱讀別人的經驗可以使我得到啟發和慰藉，希望這本書對你也一樣。如果讀到任何讓你有壓力或不舒服的部分，一定要表達出來並尋求幫助。

現在，開始吧。

腦袋
THE HEAD

CHAPTER

2

當世界天旋地轉的時候

REMEMBER THIS WHEN THE WORLD WON'T STOP SPINNING

突如其來的恐慌

我二十歲，站在婁密德（Row Mead）營地高處，生命垂危。艾美．懷斯（Amy Winehouse）現身格拉斯頓伯里（Glastonbury）音樂節的金字塔舞臺，低沉有力的歌聲，古怪而迷人的動作，在沃西農場（Worthy Farm）上空交織成一圈光暈。我正認真聆聽〈回到黑暗〉（Back to Black）這首非常熟悉的歌，卻感到不太對勁，發生了可怕的狀況，我知道自己快死了。

就在〈回到黑暗〉結束之後、〈丘比特〉（Cupid）開始之前，我雙腿發軟，胃部翻攪，恐懼的酸液爬上喉嚨。倒向泥濘草地那一刻，我只希望誰可以轉告我的家人我愛他們，因為到此為止了，我快死了，不然就是發瘋了。

我睜開眼睛，發現自己竟然還沒死。男友P扶我起身，把我抱去醫務帳篷，沿途不斷確認我還在呼吸。護理人員給我一杯水，建議我回自己的帳篷躺著，不要再碰搖頭丸。我想跟她說我這輩子從來沒有吸過毒，但我有預感她不會相信。被帶到帳篷外時，艾美仍在遠方某處唱著歌。

即使我希望這起怪異的暈眩事件純屬意外，我們還是必須結束格拉斯頓伯里之旅——無論是站在里昂王族樂團（Kings of Leon）的粉絲群裡，或是在餐車前等待炸豆泥蔬菜球，

「我—立—刻—就—要—死—了」的感覺持續襲捲而來。我不斷衝回帳篷，鑽進睡袋裡哭泣、哽咽。

從格拉斯頓伯里回到布里斯托（Bristol）時，我說服自己，音樂節發生的事是脫水或那個可疑的三明治引起的。然而，幾天後它再次襲擊我，在公車上，在學生活動中心吧檯，在課堂上，以及和老師一對一討論時。即使是每次襲擊的空檔，我也覺得不太對勁，腦袋就像是困在水晶雪球裡，和周遭的一切事物失去連結。我衝去看醫生，深信自己得了糖尿病、腦瘤、慢性疲勞、缺鐵性貧血、腦膜炎、伊波拉病毒、愛麗絲夢遊仙境症候群（是的，這真的存在）[2]，偏頭痛、大腸激躁症以及……對，腦膜炎。我做了一次又一次的檢測，每次都被告知身體非常健康。第五十六次去看醫生時，一位新來的全科醫師問我有多常喝酒？「幾乎沒有。」多久碰一次毒品？「從來沒有。」他把筆放在桌上。

「我知道不應該這樣說，但你是個學生，學生多少都會這麼做吧？」

「我不喜歡出門。」

「為什麼？」

2 Alice in Wonderland syndrome，一種空間感知障礙，又稱視微症，患者眼前的東西看起來會比實際體積更小。

「我不知道，就是不喜歡。」

「你有很多朋友嗎？」

「嗯，沒有。」

他把椅子轉過來面對我。我又出現熟悉的暈眩感，思緒開始從體內漂浮而出，牆上油畫裡的帆船似乎在前後搖晃。

「你曾經被診斷出憂鬱症或焦慮症嗎？」

「我十幾歲時看過心理師，但那是因為我曾經傷害自己。」

「現在呢？」

「不算是。」

「不算是？」

「我沒那麼常傷害自己了。」

他給我一堆小冊子，還在便利貼上寫了幾個網址，要我先看一看，再回去找他。走路回家時，我漫不經心地想著：或許我不是得了絕症，而是……心理疾病？

十幾歲時，我在家鄉荷蘭看過心理師。雖然我確實記得曾經討論過這種感覺，但是從未提到「焦慮」這個詞。它似乎飄忽不定，我好像知道它是什麼，但又不太肯定。焦慮到底是什麼？它看起來像什麼？如果不瞭解它，要如何阻止它呢？

對我來說，焦慮就像擁有一顆水晶球，但是球體扭曲而渾濁，裡頭的一切都是最糟糕的版本，例如：「我看見，未來有一場工作簡報，我肯定會緊張得半死，吐在老闆身上，再也無法回到媒體圈！」

到了第二週就診時，醫生給我的診斷是廣泛性焦慮症（generalised anxiety disorder）。當我面對焦慮，我明白情況有多艱難。沒錯，它是在腦袋裡，然而身體反應極度明顯。我的症狀包括流汗、發抖、心悸、噁心。其中我最不喜歡的是噁心，這種胃部被拉扯的恐怖感，在壓力事件結束後還會持續很久，讓我一直覺得想吐，卻什麼都吐不出來。大學期間，它發展成嘔吐恐懼症（對嘔吐的擔憂），導致我無法去上課、去酒吧、甚至是走出家門。無論到哪裡，我都擔心自己會嘔吐。有時才剛搭上公車，過了一站就得下車走路回家，因為我無法應付接下來二十分鐘的車程。

我也曾經因為焦慮而昏倒十幾次。我讓自己陷入擔心和恐慌的漩渦裡，呼吸急促到失去控制，感到暈眩，然後過度換氣，最後砰的一聲倒在地上。雖然沒有發生過立即危險（除了有一次倒向髮型師，差點被她的剪刀刺到頭），但是那個當下我真心相信自己快死了。人們真的小看了恐慌發作，這不是「冷靜下來」的問題，你做不到，因為它讓你覺得被困在自己的身體裡面，唯一的解脫是光線最終熄滅時你感到的放鬆。你會死，別無選擇，這太可怕了。

當你從另一邊逃出來之後，仍會一直活在它將再度發生的恐懼裡。任何噁心、輕微暈眩或是手顫抖的跡象，都會進入我的大腦。我想像有一支軍隊四處奔走，準備作戰：「她快爆炸了！全體出動！」在一次恐慌發作後存活下來，也讓我有一種揮之不去的羞恥感，當你如此確信自己即將死去卻還活著，可能會有些微的失落。不是我想死，而是尷尬：我真的以為自己會死，卻還在這裡。血液奔流，心跳加速。

我曾經在幾個單調乏味的地點感到焦慮，難以想像我的身體竟會產生如此極端的反應。在我極度焦慮的時期，曾和男友P去布里斯托的艾斯達超市（Asda）採購食物。這裡和其他大型艾斯達超市沒兩樣，刺眼的燈光似乎無止盡地布滿一排、一排又一排走道。我總是很恐懼，怕自己在大型超市或購物商場裡會被吞噬，會被困在其中一條走道，永遠出不來。超市就像一個錯綜複雜的迷宮，沒有地方可以停下來休息，必須不停地走，直到收銀機為止，如果走得不夠快，就會擋到後方所有的人。

P走在前面，在我精心製作的食物清單上打勾。由於害怕會在各種地方嘔吐，我在大學裡沒什麼社交，有很多時間做些別的事，例如制定讓我們能吃一個星期的共同食物計畫。

我會把食物分類，這樣在超市找起來就比較容易。我會精準算出這些東西一共多少錢，然後平分，我們各付一半。P不太在意我對於食物採購的獨裁，這能讓他省錢，也不用煩惱晚餐要吃什麼。

我們才剛走到鮮食區，我就感到恐慌。我停下來，超市裡明亮的燈光似乎全部匯聚起來，形成洶湧的浪潮，即將朝我襲捲而來。我把購物清單交給P，彷彿我們是史詩戰爭片裡的士兵，嚥下最後一口氣之前，把妻子和小孩的照片交給戰友：「走吧，要勇敢，請告訴我太太我愛她。」

在旁人看來，我可能還算正常。P前往戰場時，我決定找一條沒那麼多人的走道。我走到休閒娛樂區，在小甜甜布蘭妮（Britney Spears）的眾多傳記裡挑了一本，突然間視線模糊，變成藍色，我癱倒在地上，但仍勉強起身坐著。我覺得每個人都盯著我看，只好抓起書假裝在讀，直到P來接我，然後我們走路回家。我覺得很挫敗、又傻又蠢，拒絕討論發生的事，在床上待了整個下午。

還有其他比艾斯達超市更不幸的恐慌發作情況，我個人最喜歡的是艾斯達事件一年半後的那次。P和我分手了。我們交往八年，一起長大，幾乎沒有離開過彼此。我現在孤身一人，不知道約會這種事要怎麼進行，要怎麼認識新對象呢？

我的工作很不起眼，是在倫敦西區一間劇院擔任帶位員。同事R是大眾情人，深色頭髮，文質彬彬，開始對我調情，然而我只有在勇氣足夠時，才有辦法勉強應對。某晚我們離開酒吧前，他問我要不要去他的住處，我當下覺得自己收到了一張金色獎券，雀躍地想：這就是所謂的單身生活，帥氣男子邀你去他家，你同意，因為你可以，這太棒了！

嗯，但也不盡然。不安占據我的大腦，我開始做出一些為了讓對方印象深刻而經常會出現的討厭行為，我隱藏自己的個性，變成一個僵硬的版本，希望展現出他們想要的模樣。一起搭地鐵回他的住處時，我在腦海裡懇求：「拜託喜歡我，拜託喜歡我，拜託喜歡我。」有一個沒牙齒的男人和一個身穿灰色西裝的生意人在這節車廂打了起來，據說無齒男出了點意外，可能是拉屎在褲子裡，也可能沒有，生意人對著他吼叫，說他很噁心，應該下車去洗個澡。

我真該把這件事視為當晚的預兆。（別擔心，我沒有拉屎在身上。）

我和R回到他的公寓，一起看單元喜劇《我是艾倫．帕特奇》（I'm Alan Partridge），這是男生對我不熟的時候經常做的事。接著是《辦公室瘋雲》（The Office），再來是《非常大酒店》（Fawlty Towers），接下來是《黑爵士》（Blackadder）。然後我們來到他的臥室，我集中注意力，試著表現得又酷又性感，不要顯得尷尬或怪異。這是我和同一個人交往八年之後，第一次和別的對象上床。要是我的身體很醜怎麼辦？要是我的陰道很奇怪怎麼辦？要是我聞起來有怪味怎麼辦？

我們做了，我知道這樣的描述方式很不性感，但我真的不記得過程是否愉快，因為我他媽的太緊張了。結束的時候，他含糊地說他通常不會和非正式約會的對象上床，雖然我想說的是：「等一下，什麼？發生什麼事？這是一夜情嗎？我要回家嗎？我該怎麼辦？」回答的卻是：「哦，對啊，我也是。」他閉上眼睛，似乎立刻睡著了，所以我也閉上了眼睛。即使我全身緊繃，像是躺在冰櫃裡的屍體，最後還是睡著了。

我半夜醒來，想上廁所。當時他和他妹以及她現在的老公一起住，這可能讓我更加緊張，一想到會遇到他們，我就非常害怕。要自我介紹嗎？他們會認為我是蕩婦嗎？他們會以為我是侵入者嗎？我告訴自己：「快去尿完就跑回房間。」原本是個很簡單的計畫，但是我把自己搞得太緊張，根本尿不出來，即使我的膀胱漲得很厲害。恐懼來襲，我心想：「他媽的，我的膀胱壞了。」

我試著想像水流，打開水龍頭，小聲哼著TLC的〈瀑布〉，可惜沒有成功。就這樣，我穿著向R借的舊摔角T恤，光著屁股在廁所裡，擔心身體會積滿尿液，最後爆炸。

我決定放棄尿尿這件事。我覺得頭暈和恐慌，需要回到床上躺下。離開廁所前，我還是沖了馬桶，以免有人起疑。在這條狹窄走廊的某處，我腳裡的骨頭變成了爛泥。一片黑暗中，我的視線變成藍綠色並布滿圓點，我想回到房間，但是身體不聽使喚。在我意識到之前，已經倒在地板上了，臉還撞上他妹妹的腳踏車。可憐的傢伙跑出房間，看見我趴在地毯上，我膽怯地豎起大拇指示意我沒事別擔心。

他把我半拖半拉回房間，讓我躺在床上，而我一直試著告訴他我有多抱歉。我的臉頰抽痛，膀胱脹滿，試著強迫自己入睡，卻完全睡不著。幸好已經凌晨四點了，只要再等兩個小時就可以離開。離開他家時，我和他擊掌，然後走向南菲爾德地鐵站（Southfields）。我在半途下了車，終於找到一間可以上廁所的星巴克。雖然尿的時候像火在燒，仍然感覺很好，體內的緊張舒緩了一點。

讓我大感意外的是，我們後來又見了面。在那次脫序演出之後，我們甚至約會了一年多一點。我瞭解到，那些我以為是世界末日般的戲劇化事件，對其他人來說並沒有那麼戲劇化。暈倒在別人家的走廊真的沒什麼大不了，事後想想也滿有趣的。

艾斯達超市以及做愛後的恐慌發作，是兩種相當極端的反應，它們是我在某些特定情況下感到不舒服而引發的焦慮。在日常生活中，焦慮會變形，以許多不同的方式表現出來。它是一種持續的存在，一朵不會離你而去的烏雲，或是一段不會消失的耳語。

焦慮很嚴重的日子是這樣的：

- 半夜醒來，想起五年前說過的事好像有點無禮莽撞，然後抱著那個回憶直到天亮！
- 醒來時在心裡列出我很肯定非常恨我的人，以及他們恨我的原因，還有萬一在路上遇到他們會發生的事。
- 離開屋子後又折回，因為覺得有大量磚塊掉在我頭上。
- 上上下下快速摩擦膝蓋，經過我桌子旁邊的人問我「還好嗎」。
- 試著泡澡放鬆，但想起浴缸基本上是個打開的棺材，裡面充滿自己的液體穢物。
- 聽見腦袋裡有個聲音一直跟著我，說我是一堆垃圾。
- 被同事說的某件事逗笑，但是立刻停下來，因為我聽起來像隻山羊，大家一定討厭我的聲音。
- 和某人共度一段愉快的時光，一邊確信他們偷偷討厭我。
- 必須詢問六個朋友，我傳給另一個朋友的簡訊會不會有一點不恰當，以及我們是否百分百確定他們不會認為我是怪咖？
- 當外面有一點潮濕時，會覺得這世界的氧氣正慢慢地被吸光，快要不夠了。天啊，為什麼其他人都可以那樣自由呼吸呢？

- 一種恐懼在脊椎底部爆開並噴射我的身體，直到我渾身是汗，我不知道為什麼身體會有這樣的反應，我只是坐在這裡看電子郵件而已。
- 在黑暗中看見一堆衣服，覺得它看起來像是一隻巨大的黑豹，然後想到：「天哪，如果那是一隻黑豹怎麼辦？」接著是：「天哪，你認為那是一隻黑豹，這表示你可能瘋了。」
- 在心裡和那個你真的很喜歡一起相處的男生說再見，因為你可能會把事情搞砸。
- 工作上受到一個非常小的批評，應對方式不是在下一個任務表現得更好，而是花一整天的時間在網路上搜尋新工作，因為他們會炒你魷魚。

焦慮不嚴重的日子是這樣的：

- 起床時覺得有充分休息，因為我能夠真的入睡。
- 起床後，在展開一天之前先看書，因為我給自己充分的時間慢慢起床，而不是匆匆出門。

・坐在會議室裡，不擔心會吐在任何人身上。
・不是因為覺得屁股太肥而去游泳，而是因為真心喜歡活動我的身體。
・搭地鐵時忘了時間，因為我被一個討論真實犯罪的Podcast吸引，不會一直想像在車廂裡被人群踩踏而死。
・在辦公室的餐廳吃午餐，享受我的乳酪三明治，不會覺得腦袋和身體快要分家。
・發推特，不擔心它太爛、太奇怪和討人厭而把它刪掉。
・回家後沒有獨自喝完一整瓶酒，而是煮了包含真的蔬菜的一餐。
・回家後不後悔那天我所犯的一千五百個所謂的錯誤。
・列出我想在今年剩下的時間裡完成的事情，因為我真的對未來感到興奮。
・理解到我的身體不是我的敵人，它只是有時候對事情反應過度，而這其實是沒關係的。
・發訊息約一個朋友，不會擔心因為沒人想和我一起出去而被取消。
・整理房間，因為我想要住在一個平靜的空間，而不是被衣物和碗盤堆積而成的小山。

我已經多少能掌控每天的焦慮，雖然沒再參加過格拉斯頓柏里音樂節，不過我已經有一些進步了。避開音樂會、電影院和劇場多年之後，現在我可以好好地撐過一個音樂節。

事先要做很多準備，最重要的是和我覺得可以信任和坦白的人在一起，如果情況變得不穩定，我可以離開而不會覺得自己讓任何人失望。我必須隨身帶很多水，最好不要站在人群中間。

以下是我學會的如何在一場表演生存下來的方法：

- 我發現對樂團越瞭解越好。當他們在表演我知道的歌曲，我會專注在歌詞上，聲嘶力竭地跟著唱跳，直到背上滿是汗水。當我對音樂不太熟悉的時候，心思會四處飄蕩，開始想到火災、群眾踩踏或是瓦斯爆炸。在任何表演之前，我會去查他們最近一次演出的曲目，事先做好準備。
- 隨身攜帶大量的水。如果他們不讓你帶水進去場館，在你做任何事之前先去酒吧，攝取足夠的水，保持體內水分。
- 帶口香糖。超級薄荷口香糖能讓我集中注意力，當我開始暈眩的時候，它也能讓我清醒，把我拉回現實。
- 不要和恐慌對抗，善待你的身體，它並沒有要毀了你這次的體驗。告訴自己你會沒事的。

・舉起雙手。你可以假裝是在跳舞，但實際上是在做伸展運動，這有助於放鬆你的肌肉。
・確保你的呼吸不是多而短促。吸氣數到三，憋氣數到三，然後呼氣數到六。如果合適的話，你可以跟著音樂節拍這麼做。免責聲明：我試過跟著眨眼182樂團（Blink 182）的歌這麼做，但是沒用。
・如果你流汗了，而且還剩下一些水，就倒一些在頭上。相信我，你看起會像個死忠歌迷。
・最後，不用覺得你必須置身人群之中。讓你的演唱會同伴知道，你喜歡站在出口附近。做你自己，確保舒適自在。

等一下，不只是焦慮而已……

我在大學時期瞭解了焦慮，以及它對我的生活造成的影響，但是不只如此。全科醫師懷疑我有焦慮症的幾個星期後，我再回去檢查，這次他補充了一句：「我們認為你也有憂鬱症。」

我一直覺得憂鬱非常難以描述，因為它是一個謎。它以自己的方式存在，沒有和它類似的東西。我只知道它讓我感覺被困住了，焦慮也讓我感覺被困住，但是更沉重、黏膩、無法理解。我對自己、朋友、工作和所有事物，都被負面的看法所籠罩。任何快樂的時刻都是短暫的，很快就被苦水破壞。我覺得有一種外部的壓力，猛烈而沉重地壓在我的腦袋上，但內心卻感到虛無和空洞。我唯一能聽到的聲音是自己的心跳，嘲笑我還活著。

我的憂鬱和焦慮並存，有時候會失去平衡。當憂鬱籠罩時，燈光都熄滅了。這並不是說焦慮比較容易忍受，但是焦慮來襲的時候，至少我可以嘗試有效的應對機制。憂鬱就困難得多，「應對機制的意義是什麼？」我在黑暗的房間裡低聲自語：「我真的不應該在這裡。」

大學三年級的時候，我沉迷於「消失」的想法裡，我不想活下去，卻沒有力氣採取任何行動。我會躺在床上，盯著天花板，想像自己走了好幾天，直到身體的原子一個一個消失。走得越久，消失得越多。我渴望變透明，沒有任何血跡，沒有屍體躺在那裡讓別人來清理。沒有人會受到太大的創傷。我可以傳訊息給每個人說我很好，只是決定離開舞臺了，再也不會回來。沒什麼大不了。

當焦慮和憂鬱決定合體，一起向我發動攻擊時，我的身體就像被推向兩個不同的方向。焦慮要我發瘋、恐慌、四處求援、打電話給每一個認識的人，憂鬱讓我束手無策，讓我原地停留。一方面，我的身體沉重而遲鈍；另一方面，為了讓自己振作起來、恢復正常、繼續做事，我給了自己很大的壓力，反而更加焦慮不安。

那天，我決定從布里斯托公園街往上走，越過布蘭登丘（Brandon Hill），坐在因電視影集《皮囊》（Skins）而出名的長椅上，這時焦慮和憂鬱聯手來襲。當時是下午五點，那裡空無一人，我猜大部分的人都在酒吧裡，閒聊著日常生活和周末計畫。我恨自己明明身處於有許多學生和一個同居男友的城市裡竟如此寂寞。為什麼我會這麼寂寞？為什麼我不努力和任何人往來？為什麼我是這樣一個失敗者？我成了一個偵探，把自己放在刺眼的燈光下，試圖弄清楚為什麼我如此不可思議地寂寞。

我沒有帶著一點自憐來面對自己的困境，反而感到憤怒和羞愧。焦慮讓我確信，因為我又古怪又愚蠢，課堂上的每個人都厭惡我。憂鬱則告訴我，他們一點也不厭惡我，是我厭惡他們，我是一個愛批評別人的混蛋，厭惡每一個享受美好時光的人。我活該感到被孤立，我是個賤人。

我望著長椅下的景致，想像自己縱身躍下。任何瞭解布里斯托的人都知道，在布蘭登丘自殺是不可能自殺，這裡不是懸崖。最糟的情況是，你會滾到其中一條小徑上，停下來，有人會對你投以奇怪的眼神。這似乎很誘人。任由身體滾過丘陵，直到停止滾動，也許讓頭骨周圍嘎嘎作響之後，我的大腦就能一舉脫離混亂狀態。

我試圖從大腦裡召喚出更多的力氣，好讓我可以離開這個長椅，不再幻想像一條人形香腸一樣滾下斜坡，趕快回家。去寫點東西，去沖澡，去跟某個人說說話，去做點有意義的事。焦慮在腦袋裡盤旋，要我起身；憂鬱則像是一頂太緊的頭盔，牢牢固定在我的頭上。

我看見一個學步的小孩沿著斜坡往下跑，撲進爸爸的懷裡。她穿著一件紅色的飛行員夾克，戴著一頂橘黃色的毛帽，無拘無束地奔跑，一邊發出尖叫聲，亢奮的情緒讓她滿臉通紅。我站起來，擦去眼裡流下的沮喪淚水，穩住雙腳，深吸一口氣，放聲尖叫，試著毫無顧忌地奔跑。我一路跑下去，盡量不去擔心會絆倒，告訴自己：「跑吧，一直跑下去。」然後我到了丘陵底下，回頭往後看，卡伯特塔（Gabot Tower）俯視著我。那個學步的小孩張口結舌地看著我，她的爸爸帶她離開。我走出公園，放聲大笑起來。

公園事件並不是什麼重大的轉捩點，我並沒有跑向痊癒的甜蜜懷抱裡。我認為它代表的是一個很小的轉捩點，為我注入了一點點活力、不可思議，以及想要問心無愧活下去的念頭。我很幸運能夠擁有這樣的時刻，在我的人生中，有很多次我坐在長椅上，站在月臺邊緣，或是手握刀片躺在浴缸裡，想著如果消失了該有多好。消失。然後總會有某個東西，一種很小的感覺，一個微小的火花說：「不！」它帶我去急診室，帶我去醫生的診療室，鼓勵我進行治療和參加互助聚會。那個微小的火花確保我的房間裡沒有尖銳物品，或是確保我在情況難以負荷時可以回家。那個火花讓我繼續前進，並且防止我完全消失。

如何在燈光熄滅時找到你自己的小火花：

- 寫下你的想法。不需要是完整的日記形式，可以是不連貫的，也可以是一個憤怒的塗鴉。它將幫助你的大腦不會在自己的牢籠裡打轉。讓你的文字天馬行空。
- 做一份歌曲播放清單，讓你感覺體內不是空的：可以是古典樂，可以是深層浩室（deep house），可以是爵士樂。我喜歡比基尼殺戮（Bikini Kill）、電臺司令（Radiohead）和老派的瑪麗亞・凱莉。我喜歡能使我全神貫注的歌，能夠渾然忘我、把我帶到另一個地方的歌，即使只是一下下。
- 伸展你的身體。做伸展的時候，我感覺很好。不需要做出瑜珈喜歡的那種拱起背部、舔到屁眼的正確伸展，只要以各種方式移動你的身體就好。感受你的身體，認知到你擁有它，而且它對你很好。
- 外出。即使是坐在長椅上、草地上或門廊上。走到戶外，呼吸新鮮空氣。
- 移動你的身體。在伸展過身體之後，接著繼續運動。彈跳、蹦躍、走路、慢跑——最好是邊跑邊尖叫。

．最後，要記得你是由70,000,000,000,000,000,000,000,000,000個原子組成的。憂鬱讓我覺得自己很渺小、無意義和空洞。但我不是空洞，真的不是，我的體內充滿了具有生命力的器官、皮膚、黏液和血液。

CHAPTER

3

當你害怕自己大腦的時候

REMEMBER THIS WHEN YOU'RE SCARED OF YOUR OWN BRAIN

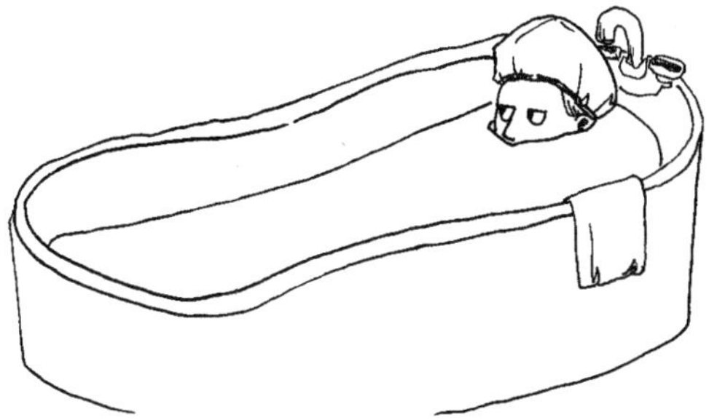

我經常覺得無法控制自己的大腦，它老是走向我不想去的廊道，它懲罰我、挑戰我，老實說快把我逼瘋了。這真的很令人沮喪，因為我的大腦就在我自己的體內，我內在的東西怎麼會以這種方式和我作對？

當我還是個孩子的時候，經常幻想在我的頭皮上鑽一個洞，清出所有的壞東西。我害怕自己的想法像是落入了圈套裡。這就像大腦裡被裝了炸藥，引爆裝置卻在別人手裡，你不知道他們在哪裡，也不知道他們什麼時候會按下按鈕。

瞭解我的大腦以及讓我害怕的事物背後的東西，有助於我和自己的腦袋達成協議。瞭解某些症狀的因果關係有其生物學上的理由，即使仍然令人煩惱與挫折，但能讓我不那麼驚慌。

第一是解離（dissociation）。美國精神醫學會（American Psychiatric Association）將解離描述為「意識、記憶、認同或對環境感知等綜合功能紊亂」。這通常是壓力過大的反應。對我而言，這就像是大腦自行關閉。我人在這裡，卻不是真的在這裡。

解離有兩個部分，一個是自我感喪失（depersonalization），經常被描述為從遠處觀看自己的感覺。我十幾歲時看的第一個治療師，把它稱作「直升機瑪姬（Maggy）」。我從一架直升機往下看自己在做的事情，經常充滿了批判和鄙視。我在學校的男朋友當時在玩樂團，即使我不認識任何人，也討厭擁擠的酒吧，還是去看了每一場演出。通常我站在那裡，直升機就會出現：「看看那個愚蠢的女孩，她沒有朋友，那麼笨，無法和任何人交談。」然後我會開始拆毀和自己有關的一切：我的頭髮、我站立的方式、手臂在身體兩側鬆散下垂的樣子。這代表我根本無法放鬆，甚至無法享受音樂，我是我自己的狗仔，在自己的上方盤旋，還把那些可怕的自我批評用擴音器播放出來。

解離的另一個部分是失去現實感（derealisation），你會覺得與現實分離。高中校園電影裡，當主角看見愛慕的對象親吻別人時，時間會靜止，震驚的主角看著可怕的事情以慢動作進行。對我來說，失去現實感就像那樣，差別只在於背景沒有悲傷的獨立音樂。我覺得精神恍惚、輕飄飄的，人們的聲音聽起來很遙遠，說話看起來像是在對嘴。

人們經歷解離有很多原因，從創傷到無法處理情感訊息，通常是大腦在保護你的身體免於感知到的威脅。對我而言，最安全的空間一直都是自己的腦袋，那是一切發生的地方。獨自坐著，腦中上演對話和劇情，總是讓我感到滿足。即使是現在，如果我必須休息一下，我會躺著，閉上眼睛，在某個平靜的地方仔細思考我的想法。

對我來說，當我感到不安全的時候，撤退到最熟悉的地方是很自然的，但這並不是很舒服的經驗，尤其是當我無法控制它的時候。我經常形容這就像是腦袋被困在玻璃魚缸裡，我看得見，但一切都有點畸形，也感覺有回音。我想打破魚缸，回到現實，但是我做不到。越是這樣想，魚缸的玻璃似乎就變得越厚。

解離讓我很難依自己想要的方式行事，尤其是在社交的場合。例如，第一次和男友的朋友在酒吧見面，我想表現得外向有趣，希望自己說的話聽起來很有意思，並且對每個人說的話都很感興趣，但是突然之間，我無法把一個句子串起來，嘴裡說出的字句都含混不清又古怪。為什麼我不能正常運作呢？

我的自我毀滅行為有部分是因為想要逃離魚缸。我常常希望，藉由造成自己身體或是精神上的痛苦，像是有人往我身上倒一桶冰水一樣，就可以讓我脫離夢魘。我也試過喝酒，幾大杯白葡萄酒下肚後，輕柔的搖晃感就像解離帶來的奇異夢幻感受。它們幾乎互為鏡像，就好像我自己在下沉，卻同時拉起一把椅子。我要留下來，這裡感覺很好。

除了解離以外，侵入式思想（intrusive thoughts）感覺比較像是經常轟炸大腦的聲音或衝動。侵入式思想如此普遍，如果你沒有經歷過，你應該是個異常的人。它們就像無法撲滅的小火花，極為頑固，讓人提心吊膽。《變態心理學》（Abnormal Psychology: AnIntegrative Approach）一書指出，最常見的侵入式思想是傷害自己（從窗戶往外跳）或是其他人（把朋友的寶寶丟在地上），感染（因為馬桶座椅髒汙而染上疾病），做出不恰當的舉動（在會議上隨意站起來咒罵你的老闆），或是安全問題（覺得烤箱沒關掉就出門）。

侵入式思想的發生和強度如此強烈，有些人因此發展出自己的應對策略，只為了熬過這一天。痛苦思想的解答絕不是「不要想它」這麼簡單，如果真是這樣就好了！為了證明它有多麼難對付，社會心理學家丹尼爾．韋格納（Daniel Wegner）做了一個實驗。他要求參加者在五分鐘內以言語描述當下所想的任何事，唯一的規則是：他們必須盡可能不要想到一隻毛茸茸的白熊，如果白熊真的出現在他們的腦海裡，就必須按鈴。雖然明確指示了要避免想到白熊，但參加者顯然會想到牠。實際上，平均每分鐘超過一次。

同樣地，我發現越是告訴自己不要想某件事，就越可能想到那件事。壓抑我的侵入式思想，似乎只是讓它們更強大。我可能坐在公車後座，試圖平撫自己的焦慮，因為車裡很擠，而且由於壞天氣而充滿霧氣。我快成功的時候，腦子裡閃現一道微弱的光線說：「現在大喊有炸彈不算是一個壞時機。」焦慮又來了，我不僅因為公車上擠滿了人而緊張，我現在還讓自己相信，我正瀕臨瘋狂邊緣。勸誘自己假扮成恐怖分子，一定會把這群無辜的人嚇個半死。我順著這個想法一路下去，從逮捕，面臨審訊，失去工作，讓父母失望，讓男友對朋友解釋他的女友去坐牢是因為她認為在公車上大喊有炸彈很好笑。我會立刻失去一切，我不應該這麼做。但是或許我應該？不，不要這麼做。但是，如果……？

覺得筋疲力盡了嗎？

我們一天中的大部分時間裡，腦袋都轉個不停，以致我們開始依賴大腦用自己想要的方式運作。然而，有時候思想列車戶會開往討厭的路徑，因此出現了不受歡迎、甚至是有害的反應。

憂鬱的時候，我身邊的每一件物品都變成了傷害自己的工具。有個衝動要我站得離月臺近一點，把臉撞到鏡子上，喝下一整瓶漂白水，或是跑到汽車前面。這真的令人筋疲力盡，占據了我生命中非常多的美好時光。

甚至在性愛前或是做愛時，侵入式思想也會出現。快要高潮的時候，大腦挑戰我去思考：「現在最不合適出現的畫面是什麼？」然後畫面就會閃過，可能是一位過世的親人，可能是在餐廳工作的女士，也可能是突然間回想起一些在新聞上看過的恐怖畫面。當我終於達到高潮時，我就可以確信自己絕對是個心理變態。靠著想像血腥或暴力畫面達到高潮，你真是一個怪物。

有侵入式思想的人，尤其是患有強迫症（OCD）的人，經常會發展出重複行為或強迫行為，試圖阻止這些想法入侵。強迫行為指的是嘗試趕走執著的非理性想法的行為。每個人都有獨特的應對策略，但通常可以歸納為：

・檢查（反覆檢查電器、血壓、門鎖）
・反覆（反覆閱讀相同的句子、書寫相同的字、輕敲）
・計數（階梯、磚頭、大聲計算）
・清洗（儀式化的沐浴、清潔、刷洗）
・整理（書籍、衣服、碗盤）
・身體（把指甲咬整齊、眨眼睛、聳肩）

在我人生中的不同階段，應付侵入式思想的強迫行為都不一樣。大學的時候，我和男友P住在一起，我完全依賴他，當我知道他要離開一會兒時，就會開始想：他離開了我們的公寓，死掉了。或者更糟的是，我可能會不小心殺死他。失去他的想法讓我如此痛苦，以致無法停止想像這件事。因此為了確保他的安全，我發展出奇怪的強迫行為和儀式，其中一項是如果他親我，我必須回吻三次。有一些和性有關，也有一些則是關於我們的公寓：枕頭要怎麼擺，書籍和DVD要怎麼排列等等。

我的強迫行為開始支配我的生活，使我陷入一種奇怪的孤立狀態，我覺得沒有P就會活不下去。這不是某種不顧一切的浪漫，它比我、比我們更龐大：他是我的生命支柱。在我的腦海裡，沒有他，我就不能呼吸。這對P造成的壓力是非常不公平的。每次他和別人見面，我都極端地把它看成是一種厭棄行為，又讓事情更加惡化。這也表示我對自己毫無信心，我不認為自己是完整的，我只是某人的女朋友，而且不是一個好的女朋友。

我的很多侵入式思想都是視覺上的：它們以單一畫面的形式反覆閃現，通常和身體有關，或是我在網路上看到的恐怖影像。我是那種看到類似「如果你不容易嘔吐，才可以觀看這支囊腫影片」的標題，為了證明這個標題是錯的，就會去看的人——通常是閉著一隻眼睛。有些我還能夠應付，特別是那些在螢幕上過度行銷的標題，其他的則讓我感到噁心。當那些噁心的小東西從人的皮膚裡冒出來時，我就必須找到自己身上相同的部位，並且至少摩擦九次，以確保皮膚裡沒有噁心的東西。

有時候視覺的侵入畫面會讓我發笑，讓我想搖搖頭說：「少來了，大腦，不要是現在，好嗎！」但是這些畫面頻繁且持續出現的時候，我就會活在自己已經發瘋的恐懼裡。我有一個心理諮商師，她在我的大學工作，是一個非常羞怯、善良的愛爾蘭女士。她教我一個有用的招數，這牽扯到企鵝俱樂部（Club Penguin）。企鵝俱樂部是一款多玩家的線上遊戲（在二〇一八年下線了），我弟在成長過程中非常著迷。我曾經在他背後看看到底在玩些什麼，有個部分是要幫你的企鵝化身打扮，這是我認為這款遊戲最棒的部分。你可以為牠穿戴Converse帆布鞋、墨鏡、演唱會T恤、恐龍裝、卡車司機帽、金色假髮等等，數不清的選擇，真的非常有趣。

我上大學時已經很多年沒想過企鵝俱樂部了，當時我的焦慮像地獄一樣恐怖，而且恐慌混合侵入式思想，幾乎每小時就發生一次。我完全地孤立自己，以免在公眾場合上演鬧劇。肌膚底下怪異又令人毛骨悚然的爬蟲，幾乎綁架了我大部分的思想。我心神不寧，恐懼不肯放過我，它在我沖澡、做菜、閱讀或是搭公車時冒出來，為了查看自己的身體，我會停下來。我會想像那裡有令人害怕的小蟲，為了確認沒有東西在那裡，我抓破了自己的皮膚，但是並沒有幫助。我告訴自己「不要想它就好」，卻讓它出現的次數變成十倍。

由於大腦不願意放開愚蠢不理性的蟲子恐慌，而引發了羞恥感，我決定自我隔離。如果我人在外面，或是在課堂上，或是在走廊和人聊天，或許會顯現在臉上，我可能會覺得噁心，把別人吐得整身都是？我不能讓這種事發生。我必須保護自己免於受到外界的傷害，也要保護他們不被我傷害。唯一的問題是：我在校園裡有個諮商面談，要搭十分鐘公車才會到。我知道我必須要去，我的大腦裡有什麼東西稍微裂開來了，我需要幫助，我自發的隔離行為不是一個長久的解決方法。

我把搭乘這趟公車視為前往戰場，用自己的工具全副武裝：水、口香糖、一本書、法語學習錄音帶以及一些餅乾。夏天的暑氣一點幫助也沒有，還好我在打開的窗戶邊找到了位子，涼爽的微風讓人覺得這是我很需要的一條逃脫路線。我不斷從書換到錄音帶再換成深呼吸，同時一直努力把小蟲的畫面壓下去，想像把牠溺斃在水坑裡。只是牠不會死。牠在測試我的能耐。

真是奇蹟，我順利抵達了預約的面談地點，坐在黏膩的假羽毛座椅上。天氣這麼溫暖，感覺更不舒服。心理諮商師問我：「這禮拜有發生什麼事嗎？」我試著把從喉嚨湧升上來的羞愧大球吞下去，我不想讓她評斷我，或是認為我實際上正在失控，不過我知道自己需要告訴某個人我的想法，我真的需要幫助。

我告訴她皮膚底下的小蟲。由於我們之前已經談論過侵入式思想，有了討論的基礎，因此我不需要費力搜索正確的字眼。她要我好好描述那個畫面的細節。這麼做的同時，我開始在椅子上扭動，摩擦手臂，握緊拳頭。她要我停止，然後出乎意料地說：「你聽過企鵝俱樂部嗎？」我從不舒服之中掙脫，這個隨意的問題使我困惑，但也立刻讓我想起住在荷蘭的弟弟，而且我很想他。

「有，我的意思是我沒有玩過，但是我弟喜歡那個遊戲，我經常看到他在玩。」

「很好。你記得有個部分是可以打扮你的企鵝嗎？」

我完全知道她在說什麼。企鵝俱樂部最厲害的是介面非常友善和鮮明，很容易深印在腦海裡。我想像遊戲的那個部分，以及出現在旁邊的小衣櫥。

諮商師要我想像這些令我非常苦惱的畫面，小蟲到處爬，然後我的皮膚在這些生物蠕動的地方突然爆裂開來。她告訴我要特別專注在手臂，然後想像那隻手臂是在企鵝俱樂部的模式裡。她說，用有趣的帽子打扮手臂，加上鬍子，或是一個臂章、一頂帽子、一件結婚禮服。一部分的我在想：「這在搞什麼？」另一部分的我則遵從了她的指示。手臂離開了我的身體，並且完全沉浸在遊戲裡。它再也不是讓我懼怕的東西了，它有趣、有點可愛，而且完全無害。我想像所有的小蟲，也給了牠們帽子。我終於比較沒有受威脅和作嘔的感覺了。

我不是在說這個技巧有多神奇，我不可能把所有的焦慮都戴上粉紅牛仔帽，就突然覺得我的人生很棒。不過它幫助我加上自己編造的故事，尤其是侵入性的視覺畫面，讓它們比較不可怕。我花了很多時間在網路和論壇上，幾乎每天都會看見讓我說「噢，不！」的東西，有時候它不會影響我，有時候它會緊緊黏著我一整天，但至少我知道它不會毀掉我的人生。

我最喜歡運用企鵝俱樂部技巧的時機是，當我對老是和我過不去的經理懷有妄想的時候。我大半的妄想都被正當化：她曾經故意把會議安排在我無法出席的時間，在團體討論的時候避免和我有視線接觸，或是對整排座位的每一個人打招呼，除了我以外。我的焦慮包括她企圖解聘我，並且逐步變成胡亂閃現她要用榔頭把我打死的念頭（是的，感謝大腦讓令人厭惡的情況變得更悲慘）。有一次我起身去煮咖啡，感覺得到她就跟在我後面。

我的大腦迅速地想到她走得離我很近，手裡拿著榔頭，即將襲擊我的畫面，這讓我的心跳加速。我讓自己遠離這個畫面，試著從上方看著它，並且把她的身體轉變成一個龐大的白色棉花軟糖。她沒有向我猛攻，反而像隻大型的胖丁（Jiggy Puff，寶可夢精靈）在辦公室裡蹦蹦跳跳。這讓我暗自竊笑，可以平靜地煮我的咖啡。（甚至在我們不期而遇時，還能有禮貌地向她打招呼。）

侵入式思想的困難在於，越是試圖阻擋，它們就會變得更強烈，就像是對著迎面開來的貨運火車大喊，每一次要它「停下來」，它只會更接近。除了大喊「停下來」或「離開」，我還學會說些別的話。如果你和我一樣對自助書籍有點著迷的話，你可能已經看過「一切都會過去」這句話。它有點陳腔濫調，但是在你最需要的時刻，這句話的核心概念極為真切。無論你正在經歷什麼樣的混亂，這個混亂在某個時間點終將結束，沒有事情是永久的（或許除了我前臂的藍色蝴蝶刺青以外）。雖然可能有更多的混亂在角落裡等你，當你抵達那一邊的時候，你將應付得來，而且一旦你有所行動，它也一樣會結束。當我被突然來襲的大量負面思想困住時，我告訴自己它會過去，它對我不會有太多影響，我目前所處的狀況不是永恆的。

即使天空中看似永遠存在的星星也會爆炸燃燒，當它們的燃料燒盡時，就會消失，回歸黑暗。聽起來或許很憂傷，但是它提醒我，永恆只是一個幻覺。恐慌發作時，我覺得自己正被燃燒殆盡，高溫在我的體內蔓延，我起疹子，感到暈眩。雖然每次被襲擊的時候，我都認為自己快完蛋了，我將永遠被困在這個地獄裡，這時燃燒就退散了，我的視線再度恢復正常，高溫消失，我又可以呼吸了。重要的是，要記住它不會永遠存在，它會過去。我每次都能安然度過。

另一個我用來對抗恐慌和侵入式思想的大絕招就是回應它們，不是大喊「停下來」，而是真的進行一些對話。進行對話的聲音不是用自己的聲音，而是某個我喜愛、尊敬、推崇、讓我感覺平靜的人的聲音。那個聲音就是歐普拉。

歐普拉是個傳奇人物和偶像，被視為世界上最具影響力和權威的女人。造就她如此令人著迷，並成為我腦子裡「理性的聲音」的原因，是她散發出來的同理心。事實上，那是她電視節目的一部分，也是她的形象，以及她與來賓和讀者互動的方式。她讓我感覺像是一個教養熊孩子的祖母，一邊端出雞湯，一邊提出改變生命的建議。她在我腦海裡形成的版本之所以茁壯的原因是它會傾聽，即使我的腦袋以一百英里的時速在運轉，「歐普拉」的聲音會讓它慢下來，並且拆解它。

想像我自己是她節目裡的來賓，效果更好。即使在最好的情況下，倫敦地鐵依然擁擠不堪，我可以察覺到恐慌感開始發展，我便假裝我們在談論我所經歷的事。如果我以某個過來人的角色說話，會很有幫助。因此與其說：「歐普拉，我的天啊，地鐵這麼擠，救命啊！」我說的是：「是的，我曾經在地鐵上與恐慌發作對抗，不過現在我沒事了，我能應付得來。」將她的節目假想成自己的版本，讓我能想像自己是過來人，我經歷過恐慌，現在已經擺脫它了。

如果我要避免自己去想像可能誘發恐慌的情境，我會上她的節目談論一些比較普通的話題，可能是關於我的前男友們有多愚蠢，或是我的電影進度（值得注意的是，虛構的我不只從恐慌發作存活下來，還至少贏了五座奧斯卡獎）。即使是杜撰的形式，有歐普拉介入我的生活，相當令人安慰，當大批旅客蜂擁到牛津圓環（Oxford Circus）的月臺時，可以轉移我的注意力。

歐普拉或企鵝俱樂部都是我的侵入式思想作戰計畫的一部分，我像《金剛戰士》（Power Rangers）裡面的宙威（Zordon）一樣召喚戰士，當他讓戰士們的手錶嗶嗶作響，他們就必須報到、出任務。有時候，侵入式思想作戰計畫還不夠，我需要一個真實的外在聲音。雖然我一向對於能夠自給自足、獨立完成事情感到自豪，但是當我陷入回饋迴路（feedback loop）的地獄時，就需要在我身體外面的某個人來剪斷迴路。有時候是用他們自己的觀點，其他時候他們的觀點會在我的腦袋裡衍生不同的觀點，我就能夠從流沙裡爬出來。

外在的聲音通常是我的治療師或是某位好友，重點是我能信任的人。侵入式思想的性質是會一直捲土重來，因此光是有人對我說：「別擔心，沒有小蟲在你的皮膚上爬。」真的不夠讓牠們停下來。三分鐘之後，我又必須問他們，而且可能會這樣重複一整天。最重要的是，我不會覺得羞恥、被批評，或是朋友會失去耐性。

我的心理回饋迴路的特性是很難用一次快攻動作就自我釋放。它需要時間，而且總是想要把你再拖回去。我可能會帶著一個問題去找朋友，即使只是實際又簡單的問題，像是：我的房租下個月要漲價了，我不知道該怎麼辦。他們可能會幫我做出我也同意的合理結論，但是到了下一刻，我卻可以感覺到自己又陷入那個相同的問題。所有不同的選項、情境和可能的結果，像蜜蜂一樣盤旋在我腦袋裡。我可以理解，當我又回到對話的一開始，對方會有多挫折。但關鍵是重複，我需要反覆聽到他們的建議。像是我在溺水了，他們對我拋擲救生帶，但是在我能夠緊緊抓住之前可能要嘗試好幾次。

我的很多技巧被歸類為所謂的正念（mindfulness），它屬於佛教的禪修一派。創立正念舒壓（mindfulness based stress reduction, MBSR）課程的喬．卡巴金（Jon Kabat-Zinn）教授將正念定義為「有意識地將注意力集中在每個時刻的體驗，是一種對當下不帶批判的覺察」。我將這個意義轉化成檢視著我的侵入式思想，承認它們的存在，並且不因它們的存在而對自己感到惱怒、害怕或生氣。想像你躺在原野上仰望天空，不帶任何批判地看著雲朵飄過，這些雲沒有好或壞，它們就只是雲而已。完全不帶任何情緒反應看著它們，就是給予心靈一個空間，可以觀看事物的本質，而不是立刻在心裡做出判斷。

有一次我在全公司的會議上，一大堆侵入式思想突然爆發。會議裡有一場很華麗的簡報，幸好我不用參與任何一部分。有三個公司老闆正在大篇長論，談到新的銷售團隊帶來了多大的營收。我對自己很懊惱，因為房間正中央有免費披薩，我正巧坐在旁邊，當人們開始湧入房間時，都往披薩走，擠在一起。很快地我覺得自己像是在一顆洋蔥的正中央，其他人一圈又一圈圍繞著我。我正要起身移動，但是老闆們走了進來，會議開始了。我告訴自己要待在原位，才不會引人側目。

隨著會議進行，我越來越恐慌。如果我想要小便，如果我想要嘔吐，如果我想要大便怎麼辦？我要怎麼站起來？我要怎麼撐下去？越是想著我無法不被發現地逃離房間，就越想要逃。想法越來越強烈，似乎無法讓它們安靜下來，連腦中的歐普拉也遍尋不著。與其壓抑它們，我深吸一口氣，試著聽聽看他們在說些什麼。

老實說，他們聽起來像是在超市推車上咯咯亂叫的小孩：「媽咪，現在就給我那個冰淇淋！」雖然我在聽，但我不去想他們如何讓我感到不安，而是將注意力放在發生在我身體上的事。我專注在我的胃，焦慮讓我感到噁心，但是沒有任何跡象顯示我會照著腦裡的暗示將膽汁吐得到處都是。我吸氣，讓體內充滿空氣，然後吐氣，噁心感消退了一些。我正在做的事好像有點搞頭。我在壓力下鎮靜地呼吸。我注意到了正在發生的事，並傾聽著自己的想法，就像是一個有用的旁觀者，或是用顯微鏡觀察簡單實驗的科學家。

當我們的執行長停止說話時，我明白自己已經順利撐到簡報結束，人們陸續離開房間。那是星期五的下午五點，就像學期的最後一天，每個人都在我旁邊橫衝直撞，從冰箱裡拿免費的啤酒。我覺得自己像是身在他處，一個更好的地方。我偷偷地為自己感到驕傲，因為我能在會議上從頭坐到尾，並且與自己的想法坐在一起。是的，剛剛很糟，我真的以為自己就快吐了，但是我讓自己平靜下來了。我就像是從飛機上跳下來，安全落在地面上。我做到了。我很開心，甚至記得給自己一個小小的擁抱。

在這些情況下，你需要給自己一點心理上的激勵。但是當你並不是真的相信的時候，就很難對自己說：「女孩，真有你的！」如果你有一點像我，那麼你大概會對陳腔濫調相當敏感，特別是那種會在某些人的IG出現的、有著輕柔粉色背景和春白菊字體的風格。無論如何，有時候我需要援手，有時候它是口號的形式。以下是一些沒那麼令人尷尬（我希望！）的口號，在我的大腦需要冷靜下來時很有幫助：

- 作戰時的吶喊：好的，焦慮，我們逮到你了，把你最糟的東西交出來。
- 好的建議：記住，你以前經歷過，所以你可以再次撐過去。
- 轉移注意力：「看看這東西……它不是很妙嗎？」或是用你可以記住的迪士尼歌曲替代。如果你在某個可以放聲大唱的地方更好！
- 獎勵：這一切結束之後，我們去吃披薩。
- 霍格華茲咒語：那些耐心的赫夫帕夫是真實的，而且不怕苦難。
- 足球教練的訓話：不要嘗試克服它，迎面走過去。
- 或者更棒的是引用《勝利之光》：「擦亮眼睛，滿懷信心，不能輸。」（Friday Night Lights，如果你還沒有看過這部電影，一定要去，你會獲得一大堆新的刺激！）
- 音樂劇《Q大道》（Avenue Q）的歌曲：「生命中的每一件事只發生在當下。」

．引用正念的句子：你沒有辦法阻擋浪潮，但是你可以學習衝浪。（雖然我大概做不到，因為我沒有平衡感。）

．熊孩子的歡呼：感受恐懼，但無論如何還是要去做。我偷偷借自蘇珊・謝菲斯（Susn Jeffers）博士的著作，內容都是關於更有自信。

．快樂的回憶：記得那時候你八歲，參加了學校的才藝表演，你害怕得幾乎尿褲子，但是你完成了，而且還他媽的贏了！

．強力情歌（power ballad）：「一開始我很害怕，我驚呆了，」然後快速轉到「我會活下來。」

．這則建議引用自《飄》這本書：「畢竟，明天又是新的一天。」

．最後，這個比較沒有深度的建議是針對我的焦慮，不是我個人：「你他媽的閉嘴，操你大爺。」謝謝南方四賤客！

如何找出誘發你失控的事

我對每一件事都高度敏感，我總是想像自己的大腦裸露在外，非常容易受到周遭所有刺激物的傷害。我真心認為，並非全部都是不好的。我有很多感覺，有一些不太有用，但也有一些很有趣。電影成為我內心深處的經驗，我是如此地支持裡面的角色，以致於完全地失去自己。這也讓我成為一個好的傾聽者，每當有人對我訴說他們的故事時，我總覺得自己完全與他們同在，深深聽進他們的每一個字。我也覺得自己的觀察力相當敏銳，經常是第一個揭露辦公室小道消息的人。我靠的只是注意人們的小習性，例如：他們走出會議室的樣子有點緊張（是的，他們要辭職了），或是兩個同事在經過對方座位時，總是溫柔地輕推對方的肩膀（肯定是有一腿）。

從反面來看，高度敏感就意味著很多事都可能讓我經歷一段惡劣的時間：一首特別的歌、一個字、一次聳肩、一樣食物、一個小小的臨時變動，都能讓我把美好的一天重新定義為「我他媽的幹嘛還要費事起床」。當我想到誘發因素，感覺有太多要列舉的事。我曾經想過把自己裝在泡泡裡面，像是泡泡男孩（Bubble Boy）[3]一樣，不過並不是讓自己和細菌隔離，而是保護自己免於受到誘發因素的傷害。

曾經有人告訴我倫敦動物園一隻駱駝的故事（忍耐一下，這是有關聯的）。每一天，駱駝都會被牽著在動物園裡走動，好讓遊客能夠近距離觀賞牠。在駱駝散步前，另一位動物園管理員要先確認路線看起來盡可能和前一天一樣。如果有個快要滿出來的垃圾箱，就要把它移走；如果周圍有一把太明亮的傘，會被要求把它放下來。基本上，如果駱駝看見任何和平常不太一樣的事物，牠就會抓狂。一切必須一模一樣。

我能夠理解這隻駱駝。雖然這樣的生活超級無聊，卻讓我可以一再重複進行簡單安全的例行活動，免於受到誘發，不會傷害自己，或是經歷暴怒或悲劇。但重點是，人生真的不是這樣。你的經歷通常是模糊而複雜的，而且容易受到隨機的改變和挑戰所影響。避免誘發的最好方式是理解實際的情形：什麼因素讓我們覺得不舒服？什麼因素把我們逼向瘋狂的邊緣？

我需要看見事物在我眼前攤開，讓它們可以印在我的大腦裡。在學校時，我是靠視覺學習的人，必須把數學公式和歷史事件貼在牆上才記得住。如果這讓你覺得有共鳴，運用一些視覺記錄心情可能對你會有幫助。日記萬歲！

「寫日記（Journaling）」有點像是流行語，但是寫日記的行為可以回溯到公元二世紀，在搜尋引擎鍵入「子彈筆記」（bullet journal），就會發現有多少人在收割它的好處。簡單來說，它是用一套自己決定的符號和暗號，依你想要的方式運用的便利組織系統，是介於待辦事

3 一名患有聯合免疫缺陷症（SCID）的美國男孩，因免疫系統不起作用，直到十二歲去世前都生活在塑膠泡泡裡。

項清單、記事本和日記的綜合體，而且可以幫你管理時間。除此之外，可以用它來記錄自己的想法、心情、活動、大事件、小事件、任務、期限，以及所有對身心健康可能會有影響的事情。

重拾日記寫作讓我稍微掙扎了一下，因為它讓我想起許多憤青時期的事，例如潦草寫下過度情緒化的詩，以表達對於班上某個坐我後面的男生的愛意。然而，我現在明白，寫日記是非常成熟、有意義、有用的事情。

我最喜歡日記的部分是，它像是我自己的社群媒體平臺（也是反社會平臺），我用它來瞻仰未來和回顧過去。我會訂下每週計畫，也會貼上電影票、摘句或我喜愛的歌詞。我的日記是所有讓我感受良好的事物剪貼簿，以及所有讓這個感覺持續下去的計畫。

子彈筆記的結構有很多不同形式，別陷入一定要讓它看起來「很漂亮」的陷阱。有一大堆IG帳戶都是筆記本裡複雜精美的塗鴉：對稱的小小複選框，畫得極為漂亮的標題。事實上，沒有人會看你的筆記本（除非你希望讓他們看），所以誰在乎它看起來怎麼樣呢？只要它對你有意義就行了。

寫日記在某種程度上讓我的生活慢下來，當我覺得身處漩渦中心，生活像不斷旋轉和拍打的水流，往後退一步可以讓它稍微平靜一點。隨手記下我的問題，我需要應付的是什麼，以及需要立即關注的是什麼，讓我更能掌握一切。

我也發現追蹤心情的許多價值，因此能夠開始思考部分的起因。依據「疲憊」、「悲傷」和「憤怒」等因素，我為每天從一到十打分數。意外的是，經前症候群讓很多因素的分數升高，但是除此之外，我發現雖然我已經減少喝酒，但減得還不夠。我仍然一個禮拜有三次，喝超過一瓶以上的葡萄酒，導致隔天宿醉。我的睡眠不足，而且每次和男朋友見面，結果都會非常焦慮和挫折。我的生活需要大幅調整，但是我深陷其中，以致看不見應該要改變什麼。

如果追蹤、剪貼和寫日記是你可能想要嘗試的事情，你應該花大錢買一本很棒的日記本。如果它不夠五顏六色或不夠「像你」，就用包裝紙或雜誌剪貼來改造它，打造完全屬於你的空間。我的日記看起來就像我二〇〇五年 MySpace 網頁一樣，俗豔而怪異，但那就是我喜歡的樣子。

記錄讓你感覺良好的事

我開始追蹤讓我提振心情的日常小事物，而不是只想著讓我很悲慘的事。如果我是在工作——面對現實吧，畢竟大部分的時間我們都是在工作——我能感覺到自我懷疑的拉扯，我一定會讓自己離開座位，到外面去吃午餐。我可能會在樹下看自己的書，或是散個步，如果時間夠的話，我會快速為自己列一份憤怒民歌播放清單。

為了幫助你發現可能是振奮情緒的小事物，你要試著把它們記錄下來。想像你正在收集一個工具包，一旦你體驗到某件事可以稍微提振情緒，就把它放進工具箱，當情緒惡化時就可以求助於它。

有時候你的工具箱會創造奇蹟，有時候可能不會。可惜的是，當我因為必須繳討厭的稅單而心情不好時，並不會因為讀了一點自己的書而心情變好。有些事是全球性的情緒殺手，雖然如此，當我感到失落或是漫無目的的時候，可以求助於這些選項還是滿令人寬慰的。我在下面列出其中一些事項，希望它們可以啟發你列出屬於自己的清單：

- 在Spotify找一個以前沒有聽過的樂團，讓自己隨歌遠颺。
- 附加紅利是，他們剛好就快要來城裡演出。
- 給朋友看一張我幫他們拍的漂亮照片，有那麼一秒鐘他們真的看見自己就像美妙的太陽光芒與漂亮人物，如同我看見的他們一樣。

- 更好的是，當他們把那張照片當作新的個人檔案照片。
- 周末早點醒來，就只是躺在床上享受原本要拿來睡覺的時光。
- 把很多沒穿過的衣服送給慈善商店，並且覺得我好像脫去一堆多餘的外殼。
- 拯救臥室裡一株看起快要死掉的植物，並且讓它重獲新生。
- 閱讀科學期刊一篇非常嚴肅和冗長的文章，竟然還算看得懂。
- 在公車後面跑，最後趕上了車，但不會覺得抽菸的習慣讓我喘不過氣，因為我那個禮拜沒有抽太多菸。
- 附帶紅利是，公車司機微笑的方式好像是在說「恭喜」，也像是「別擔心，反正都是會等你的」。
- 在冬天快步行走，感受冷冽的空氣在我體內外流竄，好像在潔淨我的肺。
- 瑜珈課時做肩立式，可能只比上一次進步百分之三，結束後走路回家。
- 在瑜珈課奇怪的誦唱時間裡，與某人四目交接，而我們都笑了。
- 正在聽一首很棒的歌曲，我必須繞著大樓兜圈子，因為回家前我需要再聽一次。
- 回家後發現我竟然難得一次鋪了床，看起來真的很舒適和吸引人。
- 在辦公室大樓發現一個安靜和沒那麼喧鬧的角落。

・讓別人大笑到眼角有一點點的淚水。
・大笑到沒有忽略任何聲音，只是有點像是加把勁拍打大腿。
・告訴某個人一個問題，然後覺得那些壓力離開了我的胸口。
・醒來後，聞著旁邊你愛的人的味道，雖然我非常嫉妒他們還在沉睡中。
・自己在床上醒來，盡情地伸展四肢。
・看家人舊照片，嘲笑自己的舊髮型。
・偶爾犒賞自己昂貴的沐浴膠、花或是絲質內褲。
・打開一本新的筆記本，感覺好像每一件事都是可能的。
・參加一場大型社交活動，並找到一個剛好完全投緣的人。
・艱辛的長程徒步旅行之後去酒吧。
・在外面淋得溼透，回家換上一套乾淨的睡衣後直接鑽進床裡。
・還有，躺在你已經換過乾淨床單的床上。
・找到完美的洗衣精，讓你覺得所有東西聞起來都像青草地。
・做一道健康的沙拉，而且神奇的是味道嚐起來還可以。
・然後吃了一道甜點，因為我只有吃沙拉。

・花很長的時間和某人在一起，我以為就快結束了，然後他們建議再繼續待稍微久一點。
・完全偶然的在禮品店發現某樣我剛好要送給某個人的禮物。
・到座位前給自己充分的時間弄一杯好喝的咖啡。
・第一個進辦公室，因此可以陶醉在暴風雨前的寧靜時光裡。
・做一點也不像是運動的事而感到肌肉隱隱作痛（例如：幫某人搬家，騎腳踏車，或是跳到池塘裡）。

皮膚
THE SKIN

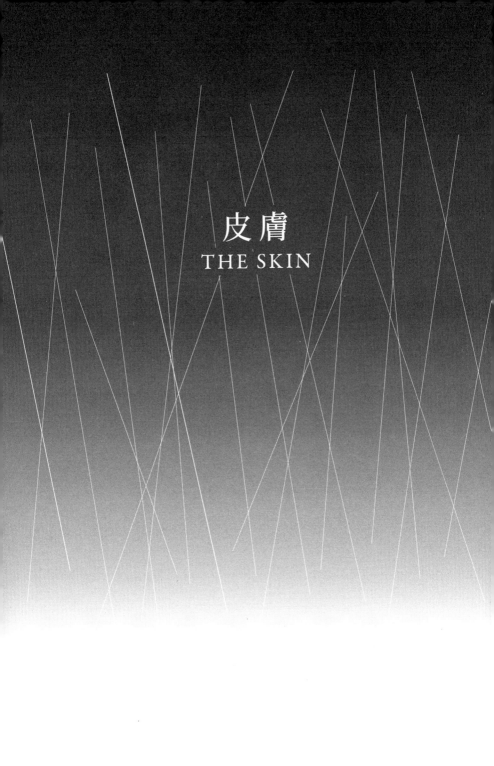

CHAPTER

4

當你想要傷害自己的時候

REMEMBER THIS WHEN YOU WANT TO HURT YOURSELF

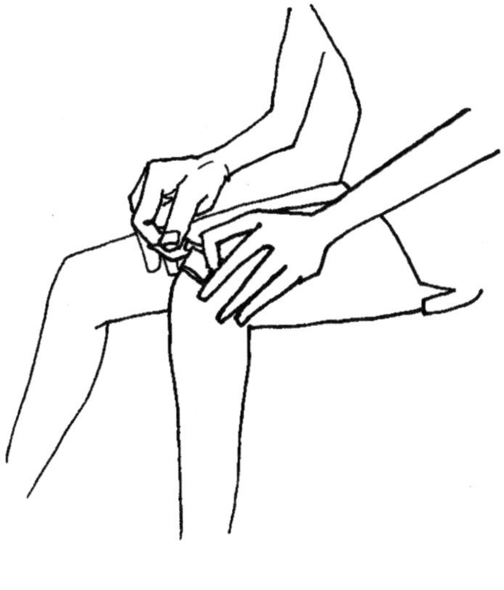

有時候我的腦袋糾結得很厲害，我就會讓自己承受肉體上的疼痛，希望多少可以因此清醒一點。十六歲的時候，我第一次傷害自己，這像開啟了一扇永遠不會再關上的門。在我切開皮膚、紅色液體沿著大腿流下的時候，我感覺到腦內啡短暫地衝了上來，但幾乎很快地被恐懼取代。我非常非常害怕，不敢相信自己做的事，接著我爬上床，嘗試理解這個情況，不過大腦卻在腦殼裡迂迴衝撞，我沒辦法為自己的行為找到合理的理由。

在快而淺的呼吸之間，我聽見父母親在客廳輕柔的聲音，我的大腦陷入兩股來回拉扯的衝動裡：到外面尋求幫助，或是停止哭泣，去睡覺，並在手臂敷上膏藥（沒有人需要知道你做了什麼）。

我想挑第一個選項，想像我走進客廳的樣子，然後悄聲說「幫我」。爸爸雙眼睜大，就像以往擔心我的時候一樣，媽媽會向我撲過來，擁抱我，他們會幫我上膏藥，並且泡茶給我喝。這部分好像很容易，我可以做得到，接下來是棘手的部分，我喝了茶，放下馬克杯，爸爸會問我為什麼這麼沮喪，媽媽會問我的手臂怎麼了，我知道這時候我的喉嚨就會關上，阻擋聲音出來。這似乎是太痛苦、太難堪和過於巨大的任務。我因此閉上眼睛，用一件舊的歐洲迪士尼T恤把手腕包上，然後去睡覺。

我經常想到這一刻，假如我強迫自己下床，走進客廳就好了。那個時刻變成一次又一次捲土重來的模式，我有股開口尋求別人幫助的衝動，諮商師、男朋友、室友或是朋友，但是我卻覺得我不能。這是我不可告人的祕密，我應該就這麼繼續活下去，沒有人能夠幫助我，沒有人會想要幫助我。

為了應付在我腦袋裡呼嘯來去的負面雜音，自我傷害很快地變成我的支撐，部分原因是，青少年的我不知道焦慮和憂鬱是件該被正視的事情，自我傷害幫助我應付我的症狀，只是可能用了很糟糕的方法。

對我來說，自我傷害就像我正站在一座橋上，風如此強勁，隨時可以把我吹跑，然後我發現一個通往下面的小地板門，可以帶我通往另一座沒有風的橋，到那裡我就可以自由地往前走。自我傷害就是那個地板門。

我以前會自我傷害的原因：

- 我很憤怒，但是憤怒拒絕離開我的身體。
- 我掙扎著要活在當下，但是在我的身體裡面，我需要某樣東西把我固定住。
- 我寧願身體痛苦，而不願意處理情緒上的痛苦。
- 我迫切地想找到可以讓我脫離行屍走肉的東西。

· 我對某件事情很沮喪，但是又無能為力，如果現在不做一點事情，它就會把我整個人吞噬掉。

· 我對自己徹底失望，必須在肉體上懲罰自己。

· 我喝了太多酒，因此自我傷害似乎完全合乎邏輯。

· 我在筆記型電腦上看到某一件事，並觸動了另一件事，我必須將它從腦袋裡清除掉。

· 我覺得我的聲音沒有被聽見，而它無處可去，只能把憤怒的紅線宣洩在身體上。

· 我好幾年沒有傷害自己了，然後終於找到一個沒有人看著我的地方，而我就像個調皮的小孩，屈服於自我傷害的衝動。

· 我看著手臂上所有的疤痕，讓我感到悲傷、羞愧，並且憎恨自己，所以我想，他媽的，多一條又怎樣？

· 絕對不會是我自我傷害的原因，雖然有些人這麼假設。

我渴望獲得別人的注意。

我聽了一整天的美國搖滾樂團「我的另類羅曼史」（My Chemical Romance）。

我這麼做是出於怨恨。

我這麼做是為了讓父母生氣。

我很脆弱。
我想要人們同情我。
我想要炫耀。
我對腦內啡上癮。
我想要引人注目。
我太過於敏感。
我這麼做是想要操控別人。
我喜歡血液。
我喜歡為自己製造問題。

對於自我傷害，我用了很多方法，而且變得非常獨斷獨行。睡覺前，我用捲筒紙包紮流血的手臂，我會用便利貼寫小提醒給自己：「去尋求幫助！」「告訴媽媽！」「找人談一談！」然後到了早上，我會匆忙收拾這些小紙片，並對於它們聽起來全都這麼絕望，而感到尷尬。

青少年時期，當這些自我傷害的疤痕變得很醒目以後，媽媽強制執行我的房間裡不能有尖銳物品的規定，所有的剪刀、剃刀和鑷子都被拿走。雖然這惹惱了我，但起了一點點作用，我知道我如果抗議，一定會發生衝突，會讓情況更糟糕。每一天早上，媽媽會用銳利的目光掃描我的四肢，讓我覺得受到侵犯，但我真的有好幾個月停止自我傷害了，那時候覺得時間好漫長。

過去幾年來，只有另一個人曾經讓我停止自我傷害，就是我的第一個男友P。我傷痕累累的前臂讓他很沮喪，我每一次見到他臉上的表情而產生的罪惡感，都超過我傷害自己所得到的慰藉。在當時，他的生活也稱不上平順，他父母親有一方患有躁鬱症，經常得在半夜追蹤他的狀況，我不想在他逐漸增多的煩惱上再多加一筆。我的意圖是好的，但是再一次的，我不是為了自己而停止自我傷害，而是為了別人好。但慢慢確定的是，我又找到其他方式重拾我的習慣。

二十六歲的時候，我的自我傷害行為不斷加劇，到了危險失控的地步。從十六歲第一次自我傷害開始，到那時候為止，我看了六位心理諮商師，已經服用藥物六年。我斷斷續續停止自我傷害，但是沒有辦法長時間戒除。

那是三月一個有點熱的下午，我對我的人生如此脫軌感到心碎和悲傷，我從諮商師和研究所學到的任何有成效和有幫助的事情，都被我丟到一旁。我站在斯多克紐因頓（Stoke Newington）一家酒吧的外面，手裡拿著一根點燃的菸，它所造成的傷口讓我在接下來幾個月的每個禮拜，都必須定期到急診室報到。

酒吧裡面有五個朋友，我們正在慶祝其中一人的生日，那是一個令人愉悅的下午。有一個讓我逐漸滋生愛意的人也在那裡，但我們八字還沒一撇。如果我少喝一點，如果我沒有一個人到外面，如果我尋求某個人的幫忙，如果，如果，如果，可能就會有好事發生。

在那個時候，我的人生還被另一段正在結束的感情所波及，意思是我持續在我們分租的公寓和我的新房間之間往返，搬運著一個個的紙箱、條板箱，以及一顆被撕裂的心。然而那天早晨醒來時，我一反常態地覺得很樂觀，今天是最後一趟了，我鬆了口氣，這表示生活在兩地之間的日子要結束了：我終於可以重新開始了。為了這個值得慶祝的早晨，我到以往常去的地方犒賞自己一頓早午餐：法式吐司、希臘優格和桃子，我還邀請了住在轉角的朋友，希望他和我一起慶祝。我對於光復從前常去的早午餐據點而感到自豪，我還是可以享受人生，舊的事物可以感覺像新的，我可以做得到。

就在我們剛點好餐的時候，整個世界變成一個劇本寫得很糟糕的愛情喜劇：我因為朋友的臉變得失去血色而注意到，我的前男友走進來了。我的前任不是一個人走進來，他和一個金髮，穿亮片上衣和亮粉色迷你裙的女人在一起。

我的前任和他的早餐夥伴背對著我們，所以最合理的選擇是用完我們的早餐（迅速地），付錢然後走人（希望不被注意到）。我們非常安靜地吃我們的食物，好像兩個在玩躲迷藏的小孩，在大人宣布安全之前想一直躲著。我朋友讓我先出去，然後再會合，我們終於接觸到春天的新鮮空氣，兩個人都吐了一口氣，把憋了半小時的氣吐了出來。

我冒出近乎歇斯底里的笑聲，充斥在空蕩蕩的街上，我彎腰喘氣，把緊張的能量全部宣洩了出來。我沒有辦法停止大笑，要努力讓自己鎮靜下來，我們才能繼續走路。我們來到了克利索爾德公園（Clissold Park），繞著圈圈散步，一邊閃躲小孩子的三輪腳踏車。春天的草地茂盛繁密，那是個美麗的一天，似乎是在嘲笑剛剛被我們拋在腦後的糟糕情境。儘管如此，我還是在暗自發笑，我認為把整件事情當作是好笑的事，比承認它感覺真的糟透了還容易，我專注在它有多麼不可能，還有宇宙是多麼的滑稽殘酷。我朋友和我一起大笑，雖然是帶著一點點擔心，然後我停了下來，決定把藏在所有笑聲底下最膚淺的想法說出來：「她比我漂亮，對吧？」我朋友向我保證她並沒有，而且也不重要。然後我們開始用完全不公平和殘酷的方式詆毀她，但這並沒有讓我覺得比較好過。我告訴朋友我準備回家，不想去舊公寓拿我的東西。我需要回家躺平一下。

「我才不會放你自己一個人。」

「不，沒關係，我很好。」

「儘管如此，我還是不會離開你。」

在他堅持之下，我們冒險去了我的新社區，在當地的電影屋（Picturehouse）看了部雷恩．葛斯林的（Ryan Gosling）電影，英俊的男主角擄獲芳心，壞人被槍殺，而我能想到只有那段對我極度沒有意義的關係。和前任在一起的三年，並不如我想的有意義。在這幾天的時間裡，我們的歷史變成一間空蕩蕩的公寓，悲慘的只剩下牆上曾經用來貼照片的寶貼萬用膠（Blu Tack）。他已經往前邁進，還帶了女孩回家，我完全是可以替代的。

浪費了十五英鎊在一張電影票之後，我心不在焉，決定把我的黑暗思想推開。你知道當卡通裡的人物做了惡夢，他們會搖頭把惡夢從身體裡趕出去嗎？那就是我在做的事，我不斷地想：「只要到了這天快結束的時候，酒吧裡會有聚會，然後就可以喝酒，所以只要到了酒吧，就沒事了。」

我在酒吧裡扮演「快樂朋友」的角色，我微笑，在該笑的時候大笑，還坐得挺直，雙手像一束花一樣整齊地交疊在腿上。我的行動如此準確、如此精心算計，它們是洩露出事情真的不妙的徵兆。

我停止和任何人說話，對於會話不再有回應，我跟著點頭，假裝專心在聽。我一直知道，如果你點頭並且微微瞇著眼睛，人們會以為你在聽他們說話。我不想聽，不想在那裡，大腦已經幫我做出決定，我想要停止痛苦，因此必須到外面去，並且傷害自己。

「我要去抽根菸。」

「希望有人到外面陪你嗎？」

「不用，我很好。很快就回來。」

到了外頭，我點燃香菸，我馬上知道我沒有要抽它，我一整天都想要割傷自己，但是在我朋友監視的目光下沒有辦法做到。我的皮夾裡沒有任何尖銳的東西，一定是上一次我答應自己要停止自我傷害後，把我的「工具」丟掉了。那時候我的大腦像裝了太多東西的行李箱一樣快要炸開，我需要一個出口，我需要一些慰藉，而我擁有的只有香菸。

我走向一個大型黑色垃圾箱，站在它後面，躲在遠離一桌滿是吸菸者的地方。我感覺像是個上癮的人，準備要吸一口大麻。如果待在這裡，就不會被發現我在傷害自己，沒有人會阻止我。

太多的酒精在我體內，以至於自我傷害的衝動沒有辦法暫緩下來。孤寂的心碎卻自己停泊進來。我拿香菸靠近皮膚，前臂感覺到隱約的疼痛，但這還不夠，我將香菸上移到手臂，並且戳得更深、更久。我眺望著呼嘯而過的汽車，這還是不夠，我需更多。我弄了一次又一次，直到香菸熄滅了。

我穿上開襟羊毛衫，本能地走回酒吧裡面。我覺得好多了，算是有點，感到比較有氣力和掌控力，覺得像是已經做了一件想了一整天的事：懲罰自己，並且感覺很好。喝了幾口酒之後，我想：「好了，完成第一回合，離開再繼續。」我再度重複這個程序，甚至讓香菸在皮膚上停留更久。邪惡的思想像鑿孔器一樣進入我的腦袋裡，它們告訴我這一切是我活該，說我毀了一段完美的良好關係，難怪他早就在想我是一個蠢貨女友，難怪他會離開。我用殘酷、批判的想法熔化自己，並將殘餘的我滑進人行道的裂縫裡。香菸燒盡了，我回到酒吧裡，把酒喝完，想要再去外面。只是，我已經把香菸都用完了，一根都不剩。

「你還好嗎？」我朋友問道。

我肯定的點了點頭，但是內在有個微弱的聲音從嘴裡爬了出來，一個驚恐害怕的聲音，並且知道我做的事情不對。我的喉嚨只打開了一點點，剛好足夠讓一個字句跑出來：「救我」。

那個晚上我住在朋友家，還在他白色床單上留下了一道血跡和膿汁，我的手臂看起來像是反毒宣傳片：當你在手臂注射海洛因時，看看會發生什麼事。

隔天我自己去了急診室，手臂上滲水的傷口已經開始轉成黃色，我走到接待櫃檯，小聲說了燙傷傷口的事，他們要我坐下。我環視其他病人，並且試著玩一個遊戲：猜猜他們為什麼在這裡？那邊有個腳踝扭傷的，有一個或許是腎臟感染，還有一個人有東西跑進眼睛裡。輪到我看病的時候，我幫自己寫好這些傷口是怎麼來的臺詞，已經完全忘記，藉口已經消失了。

「有人對你做了這些事嗎？」

「沒有。」

「你怎麼會有這些傷？」

「我自己弄的。」

「好的，讓我們來好好檢查一下。」

當護士在處理我的手臂時，我墜入罪惡感引起的情緒低落：「看看這些浪費在你身上的醫療資源，更別提他們的時間，每個人都知道國家健康服務體系（NHS）的人力有多麼不足！你是這個社會的負擔！」

由於手腕注射引起的刺痛，我的罪惡之旅突然中斷。護士在建立檢傷分類，嘗試看看我是否燒到神經，有少部分傷口缺乏感覺，但是有感覺的部分痛得像在地獄裡。還好我的神經沒有問題。

最後，她把我的手臂包紮得像個很糟糕的聖誕節禮物，還給我一個繃帶袖套覆蓋整個手臂。她交給我清潔指示清單，而且要我答應接下來幾個禮拜每週回去三次，這樣他們才能夠處理傷口。我用力地遵守她的規則，對一個每個禮拜大概洗三次澡，靠著甜玉米罐頭、鹽與醋味品客（Pringles）洋芋片過活的人，我下定決心要做對這件事。我遵守她的規則，並且對待我的身體就像對待一個需要幫助的朋友一樣，而不是我的敵人。

雖然得到我最好的關注，當第三個禮拜回去找同一個護士時，她看起來並不滿意，因為傷口拒絕癒合，液體依然流得到處都是。我被轉診到切爾西（Chelsea）一家醫院的燒燙傷門診，那個護士希望專家會知道該怎麼做。

我穿過倫敦南區白色明亮的大街，在一排又一排美麗的房子中間，我感到格格不入。我拖著腳步經過很適合拍照上傳IG的咖啡店，還有一手抱著胖寶寶，一手拿著瑜珈墊的年輕媽媽。我決定到醫院的路上和回來時各抽一根菸來犒賞自己，在手臂三級燙傷的時候吸菸很諷刺，感覺像是偷偷的背叛。反正這他媽的傷口又好不了。

醫院規模大到令人震驚，聞起來有消毒清潔劑的味道，明亮的燈光被白色磁磚反射後映入我的眼簾，牆上還點綴著塑膠花，引導我來到空無一人的接待櫃檯。這好像是一個離開的好理由，因為沒有人可以告訴我要往哪走，直到一個綠色指標出現，破壞了逃跑的機會。我跟著指向燒燙傷中心的箭頭走，我在腦袋裡想像它是一座冒著煙的大型火爐，人們在地板上爬行，他們的皮膚燒得焦脆發黑。很顯然地，一點也不是那樣。這個中心是消毒過和冷冰冰的，每個在等候室的人跟我一樣坐得筆直，但是他們有部分的身體已經用紗布包紮起來。

我被一個愛爾蘭女士帶到一個房間裡，她看起來是這麼的討人喜歡，讓我想要消失在她溫柔的臂彎裡。她要我坐下，並且開始檢查我的傷口，「這些傷口你是怎麼弄的？」我告訴她發生的事情，最後懦弱地加上一句「抱歉」。她告訴我不需要道歉：「我女兒也這麼做。」我不知道她的意思是自我傷害，或是道歉，但是我點點頭，好像我已經認識她女兒好幾年了。

房間裡來了更多的護士，她們每個人都檢視了我的手臂和碰觸傷口，我感到胃在翻轉，視線開始出現斑點。我強迫自己把注意力放在她們的喋喋不休，來抑制體內升起的恐慌。護士們彼此在取笑對方，誰是在茶裡放最多糖的人，我專注在那些字詞，以及她們的笑聲，假裝我是在美容院裡，在一群正在做頭髮的親切婦人們的嘮叨之間失神。當她們一邊閒扯，一邊把塑膠圍裙弄得沙沙作響時，我把這些女人命名為我的三個仙女，可是她們並不是幫我打扮漂亮去參加舞會，而是把我修補一番，讓我能再度到外面去面對現實的世界。

在醫院的房間裡，把自己破碎的身體交給其他人，我瞭解到這是第一次我讓其他人來照顧我。她們把我擦乾淨、撕下結痂和死皮，在手臂的洞裡面填補消毒劑和蜂蜜，並且要我答應下個禮拜會再回去。

我希望我可以說在酒吧外面的那一個晚上，是我最後一次傷害自己。十多年來，自我傷害一直是我的應對機制，對我來說就像打噴嚏和刷牙一樣的自然，我的腦袋已經把它正常化，因此當我覺得有需要時，我就會直接這麼做：「為什麼不？有什麼大不了的？」我已經學到這是件事關重大的事，因為我的身體值得更好的對待。皮膚上網格狀的疤痕告訴我，我恨我的身體，我不尊重它，它是一個戰爭地帶。愛自己這個詞每個人經常掛在嘴邊，似乎膚淺又容易，但實際上是最難做到的一件事情。要在經歷一些事情之後接受它，而不是在身體的戰場解決它。

與其自我傷害，你能做的事：

- 告訴你身邊的人，你需要他們轉移你的注意力，不用告訴他們為什麼。我有個朋友是邦喬飛（Bon Jovi）的死忠樂迷，有一次我要他按順序列出他最喜歡的邦喬飛歌曲，我閉上眼睛，讓自己沉浸在他的熱誠和歌曲標題的每個字。這方法起了作用。（感謝邦喬飛！）
- 拿一枝筆和一張紙出來，盡你所能用力而快速地亂畫。
- 在手機上打出你的想法，在全部發洩出來以前不要停下來（我的蘋果手機上有成打的筆記，只有重複地寫他媽的他媽的他媽的）。

- 去玩具店買一罐黏土，在指頭間滾動、延展和戳弄這個黏性物質。
- 烘焙需要專注，以及一個一個步驟去做的東西。
- 起床去跑步，速度要很快，在心臟跳到喉嚨前不要停下來。
- 埋在枕頭裡大喊（有時候我會把自己的頭放兩個枕頭中間，做枕頭三明治）。
- 沖個溫水澡，然後迅速用一陣冷水震撼你的身體。
- 播放你青少年時期最喜歡的音樂，並且非常、非常大聲地跟著唱。
- 找一隻狗，任何狗，並且撫弄牠。
- 染頭髮。
- 剪腳趾甲。
- 在嘴裡吹破三個大的口香糖泡泡。
- 吹起一顆氣球，然後把它戳破。
- 重新整理你的衣櫥。
- 看一部你可以背出大部分臺詞的電影。《男孩我最壞》（Superbad）對我而言很有用。
- 畫出你夢想中的房子。

- 下載模擬市民（the Sims）遊戲。
- 幫自己報名很多快要開課的運動課程。
- 用冰塊摩擦手腕。
- 在皮膚上畫一朵精緻的花。
- 在IG上追蹤很多刺青藝術家，為你最喜歡的圖案排名。
- 依顏色來整理你的書架。
- 想一個新的簽名，以備萬一你變成世界知名人物之需。
- 為某人做一份音樂播放清單。
- 打電話給一個朋友。
- 在YouTube上放上一段美容教學影片。
- 在鋼琴上大聲敲打琴鍵。
- 或者如果你會的話，真的去彈鋼琴。
- 觀賞鯊魚紀錄片。
- 錄下你生氣說話的聲音，不過要用Snapchat來做，這樣就可以加上好玩的濾波器，讓聲音聽起來像是可愛的浣熊。

大多數自我傷害的人都能回想起這樣的時刻，有人對他們的疤痕說了可怕的話，例如有個男人在路上轉頭對我大喊：「他媽的！你是掉到仙人掌裡面了嗎？」或是大學時有個傢伙這麼說：「哇，你被老虎弄傷了嗎？」就是這類反應讓你想待在屋裡，並且在剩餘的人生中想把整個身體用大型膏藥包裹起來。

有天早上在上班的途中，我呼吸著夏天地下鐵車廂裡汙濁的空氣。那是尖峰時段，我的身體被擠到某個人身上，我伸手抓住頭上的扶手，看得出旁邊的女人盯著我的手臂看。我想要她的眼睛停止上下打量我的身體，我感覺被困在自己的皮膚裡面，我不只是個在電車上正要去上班的女人，還是我自己的憂鬱的活動看板。我感到渾身赤裸和不安全，好像我剛剛才大喊：「歡迎大家搭乘這輛電車，我是你們的同車乘客，有時候我會切割自己。」下了那輛電車就好像在炙熱的天氣跳入冰冷的海裡一樣，我用手摩擦前臂，好像要把疤痕擦去一樣，然後朝上班的地方走去。

當我看見別人身上有自我傷害的疤痕時，會發生一連串的反應。首先，會有身體上的感覺：暈眩、噁心，以及所有焦慮的症狀。好像正在面對某樣不是我要的東西，別人的痛苦提醒了我自己的痛苦：「你也做了一樣的事情，你知道嗎？記得那些你把水槽弄得滿滿都是你的血的日子嗎？記得那些你做得太超過的日子嗎？」接著是忍不住擔心那個人：「上帝，我希望他沒事。」同時，好像有一道看不見的連結，將我們綁在一起。我們是遠離世界中心的兩個人，做著人們期待我們該做的事情，上學或是上班，買東西，在餐廳吃飯，但是很顯然，我們私下都屈服於這個極為毀滅性的行為。我們應該交換電話號碼嗎？我們應該擁抱嗎？我們應該逃開彼此嗎？

我一向對他人身上不是自己造成的疤痕感到著迷，我喜歡聽與戰爭創傷有關的故事和傳說。疤痕是某個人到目前為止的旅程紀錄，它們是你的身體堅持抓緊不放的紀念品，我嘗試以這個方式看待自己的疤痕。這些故事是悲傷的，不代表我必須要消除它們。我總是有辦法一次又一次度過難關，我的疤痕是這件事的見證。

我並不擔心遮蓋疤痕的事，壞日子的時候，我認為它們是憤怒的紅色玫瑰花，是獎勵我達成搞砸一切的最高級別。然而，好日子的時候，我認為它們是我存活下來的見證。我曾經替美國網路公司BuzzFeed訪問茹比．韋克斯（Ruby Wax），內容是關於她的著作《全新六週正念練習法》（A Mindfulness Guide for the Frazzled）。我告訴她，她對心理健康的所有宣傳活動對我有多麼大的意義，她問我是否可以知道我經歷了什麼樣的心理問題，我告訴她我的故事，然後她看著我的手臂說：「你沒有把它們遮蓋起來，是非常勇敢的。」訪問結束後，我在肯辛頓花園（Kensington Garden）散步，第一次覺得或許我是有一點點勇敢。

「我使它給人地獄般的感受。」

自我傷害的方法有無數種，不一定都是像香菸燙傷、刀割或是瘀青一樣能夠看得見，自我毒害（self-poisoning）在青少年之間有增加的趨勢，父母和朋友很難注意到這類棘手的自我傷害形式，因為沒有看得見的疤痕。自我毒害傾向於使用酒精、食物、止痛藥或是非法藥品，來測試你能夠對身體造成傷害的極限。

和大部分自我傷害一樣，它不必然是自殺，當我自我毒害時，我並不是想死，不過它似乎是唯一的方法，可以敵得過吞噬我的憤怒與孤立。欠缺考慮吞下過量的撲熱息痛（paracetamol）之後，胃部疼痛的感覺像是躲藏在腹部深處自己所保有的祕密。「這個痛苦是你的，」它說：「不是其他人的。」

喝酒對我也是一樣。青少年探索酒精不見得和自我毒害一樣那麼戲劇性，但是為了造成傷害而刻意喝酒就嚴重得多，這就不再是好奇了。對我來說，它是出於自我厭惡，還有希望找到一些宣洩。當你和朋友星期五晚上在公園喝酒時，你可能不是利用酒精來自我傷害；當你早上七點在父母上班前起床，在可樂裡面加上份量驚人的威士忌時，你是在自我毒害。當你在床底下藏了好幾罐啤酒，打算徹夜狂飲時，你是在自我傷害。當你把廚房裡找得到的酒精全部混在瓶子裡，搖晃它，並且真的相信，當你喝完這整瓶東西時，感覺起來事情會比較好時，你是在自我傷害。更精確地說，你嘔吐，上床時覺得作嘔、昏昏欲睡和噁心。

很諷刺的是，到了可以合法飲酒的年紀時，我青少年時期的飲酒作樂反而消退了。上大學的時候，我可以真的把自己灌到爛醉暈倒沒知覺，因此而遠離了酒精。身為學生，酒精變成和社交、交朋友以及享樂連結在一起，但那些東西我都沒有，我害怕酒精，因為它好像代表一種我沒有辦法擁有的生活。由於受到恐慌發作的折磨，我如此恐懼自己的大腦，也不想嘗試毒品，我很勉強才保持它的清醒，如果加上更多的化學物質，大腦會對我做出什麼事呢？

大學以後，酒精和我之間的關係改變了，我像青少年的那一個部分回來了，我用葡萄酒來安慰自己，用啤酒讓我度過辛苦的一天，而烈酒可以蓋過那時候擔心的任何事。

我想讓酒精完全把我淹沒，將燈光熄滅。我想要酒精把我變得更酷一些、更有趣一點。我想要酒精取代我厭惡自己的那一個部分，成為一個更好玩、更會交際的我。有時候這是有用的，我進展成一個更會聊天和會跳舞的我，有時候效果則完全相反，我變得更消沉，甚至對自己更嚴厲。

給白蘇維翁（Sauvignon Blanc）[4]的一封信

親愛的蘇，

我可以叫你蘇嗎？我想是可以的，我的意思是說，我們已經彼此認識夠久的了。

在這個情況下，我知道我必須少和你見面。不要翻白眼，我知道我已經說過很多次了，但我是認真的。

你記得我們第一次見面的時候嗎？那時我十二歲，正在尋找哪一種自我毀滅的方式最合適，正在測試自己身體的極限，什麼是我能夠應付得來的，什麼是沒有辦法的。有時候我會用頭撞牆壁，直到流血，有時候我會用安全別針在大腿刻下憤怒的紅線，有時候我會吃下一整罐花生醬，然後再吐出來，然後我遇見了你。你是我測試自己的另一個方法，我以前把你偷偷放在水瓶裡夾帶出門，假裝你是蘋果汁，我把你喝下直到胃部感到劇痛，然後我會停下來，閉上眼睛，眨眼擠掉暈眩。

我第一次喝醉不是和朋友一起在公園，那裡沒有一個男生是我喜歡的，我沒有想要加深誰的印象。相反的，我一個人躺在床上，抱緊肚子，試著閱讀《丁丁歷險記》（The Adventures of Tintin），然而它模糊的文字和繪圖已經融合在一起。有一個下午，當媽媽的朋友進來查看我的時候，我想：「媽的，我被抓到了。」然後我有了個絕妙的主意，我呻吟著：「我月經來了。」她離開房間，拿著水瓶回來，撫摸我的頭。那時離我的初經到來還有四年，我覺得自己相當聰明。

蘇，我希望長大以後如果少花些時間和你在一起就好了，十二歲太年輕了。所有的那些胃痛都是徒然的，它們並沒有警告我要遠離你，我找尋各種不同形式的你：強烈的、黃色的、柔順的和冰冷的，一次又一次。你有一種讓每件事情都緩慢下來的怪異能力，它很美妙，而且令人難忘，你是鎮靜劑，你攪亂我原本已經混濁的血清素。你讓那些看管心情、欲望和食欲的善意細胞感到困惑，他們在你的手裡打轉，像是一個挫折的畫家弄亂了他的調色盤，你把每一件事混在一起，變成發昏的灰色調。

我的意思不是說你總是讓我感到哀傷，有時候你讓我覺得無敵和性感，你也帶給我安慰和緩慢的鎮靜感。經過糟糕的一天回家後，你可以改變我的看法。擁擠的牛津街（Oxford Street）人行道令我感到寒冷和暈眩，你溫暖了我，你讓寂寞變得有吸引力。你輕輕地把我從每日生存的麻木搖醒過來，你讓我有了感覺，即使那些感覺稍微被扭曲了一點。你爬進

4 釀造葡萄酒的白葡萄品種之一。

了我的血液裡，細長的手指環繞我的思想，未經預警就猛然將它們扯掉。「到那裡去！去做吧！去感覺吧！去生活吧！」我可以聽見你對著回聲室吼叫，有時候聽起來像是剛把她最好朋友的利他能（Ritalin）嗑掉的啦啦隊長。

喝下第一杯的你，經常覺得像是有魔力的，第二杯感覺比較沉澱，比較熟悉，第三杯幾乎是習慣性的，一種例行程序，我甚至不會對它感到興奮。我朝酒保走過去，像是在已經過了保存期限的婚姻裡，靠近我先生一樣，我們兩個在那邊是為了完成任務，我們知道想要什麼，我們經歷那個過程、交換東西、清洗，並且再次重複。

我喝醉的時候會說大話，但總是發現我得為了它道歉。我必須為了親吻別人的男朋友說抱歉，對只是想要安全送我回家的男人飽以老拳，還有吐在自己嘴裡，才不會把計程車司機的車給毀了（這個計畫進行得很順利，直到我打了噴嚏）。

我在憂鬱中安靜地把你喝光，那個晚上我當伴娘，而我永遠沒辦法好到足夠成為這個婚禮的一部分，我用笑容帶過這個感覺，啜飲一口你，一點一點把梅洛夫婦（Mr. & Mrs. Merlot）酒瓶的標籤撕下，手邊聚集起成堆的五彩碎紙。

我想要說的這一切是，我想要跟你分手，蘇，就只有短暫的一段時間，不要誤會我的意思，我保證我們很快會再見面。我需要一點空間，我的大腦需要一些空間。

愛你，
瑪姬

酒精的問題是那東西讓我的腦袋充滿謊言，它讓我看不見自己身在何處以及在做什麼事。血液裡有了酒精，我會答應任何事，我會到處遊蕩，我會忘記什麼是危險的，以及什麼不是。除此以外，我所接受的藥物治療代表在血液裡加入酒精，可能會對人體的系統造成危險，因為很容易突然暈倒。那是一種奇怪的無意識狀態，身體雖然仍然在動作，但是頭腦是完全關閉的。第二天醒來，我會看到我在喝醉的糊塗狀態下，送出了幾千則的臉書訊息，或是發現肋骨上有一大片點狀瘀青。

酒精好比是使人感到安慰的朋友，但是酒精不會告訴你實話。

酒精告訴我，我是無敵的。

酒精把酒吧裡的每個人轉變成一艘我可以進去逃避的船隻。

酒精告訴我，自我傷害是沒關係的。

酒精告訴我，自我傷害的感覺很好。

酒精告訴我，我需要更多。

毒品。

性。

每一樣事情。

酒精告訴我，沒有人真的愛我。

酒精告訴我，我就快死了。

酒精告訴我，我唯一可以提供的東西是我的身體。

酒精告訴我，我的生命是別人寫的一部劇本很爛的電影。

酒精告訴我，逃脫的唯一辦法是痛苦。

酒精告訴我，逃脫的唯一辦法是暈倒後的黑暗。

大腸
THE GUT

CHAPTER

5

當你無法忍受自己身體的時候

REMEMBER THIS WHEN YOU CAN'T STAND YOUR OWN BODY

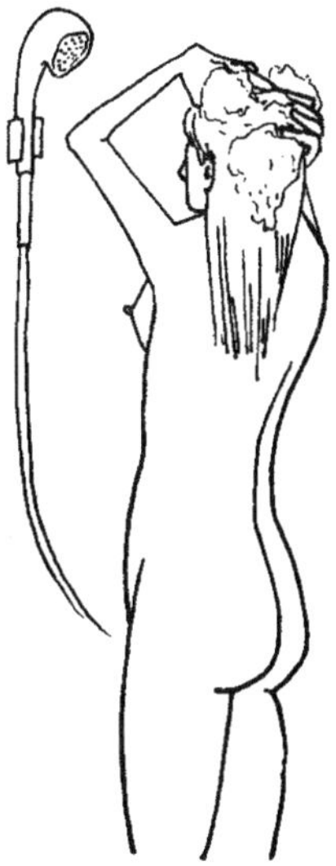

我一直在進行維持自己體態的持久戰，我總是認為我的身體不結實、不勻稱、有點像水滴狀。煽動我對自己身體的看法的，似乎是非常晚到的青春期，它像是一個不請自來的討厭賓客。我直到十七歲才有月經，感覺不止是我的子宮吐出血來，還像是胸口一夜之間火山爆發，平坦的屁股發展成兩座枕頭狀的小丘。到處都長出毛髮，腋窩那一簇毛還帶有酸味。外來政權占領了我的身體，我被排擠和驅逐出去，它說：這裡已經不再是你的了，這是屬於別人的。

我擠捏和戳自己的肌肉，想要反擊，想像拿著一把刀，把隆起和曲線切割下來。我會傾斜一邊坐在浴缸裡，抓住所有聚集在一起的肌肉，為什麼我就是不能消除它？它為什麼在那裡？我做了什麼？

我發現要躲藏在新的身體裡更困難了，我雙手交叉在胸前走路，以阻止胸部晃動；走路時縮臀，才不會讓任何人碰觸到它。

我試驗了不同的服裝風格，想收回被我的胸部拿走的身分，我沒有曲線和女人味，那就是不適合我。相反的，我嘗試了龐克風，我有彩虹細髮辮，耳朵穿上安全別針。有一年的時間，我展現了衝浪女孩的美學，雖然我從來沒有站上過衝浪板。大學的時候，我大部分時間是穿男友的衣服，我喜歡他的短袖汗衫寬鬆下垂的樣子，有時候，我的洋裝底下會穿上他的大件老男人短內褲。我喜歡它們給我的那種不性感的感覺，但是同時又是安全的，隱隱帶著一絲男性氣概的女性化。

當這些討厭的改變讓我覺得失控時，我就從食物尋找慰藉，食物是我的朋友、敵人和避難所。我開始大吃大喝一袋又一袋的多力多滋玉米片、糕點和很多的麵包，同時告訴我的身體：「他媽的，我有權控制你，我可以做我想做的事。」但是吃飽和作嘔的感覺沒有想要反叛，更讓我覺得噁心和可怕。我開始在大吃大喝之後通便，我買了瀉藥，在吃下一整個蛋糕後，咕嚕咕嚕地灌進幾公升的水，讓我的胃覺得作嘔。

有時候我待在家裡沒去學校，因為這樣比較容易避開食物。然後我會因為我沒有做任何運動而抓狂，因為去學校代表要騎半小時的腳踏車，所以我用上下跑樓梯來替代。之後會覺得飢餓到像是自己的內臟正在啃食自己一樣，然後我會跑到廚房，狼吞虎嚥吃下任何我能找到的東西。

我需要紀律，也需要規律的觀念，所以我計算每一樣東西的卡路里，我列出清單、飲食計畫、運動目標和目標體重。我隨意地為自己定下挑戰，例如：

星期二：什麼都不吃，只吃葡萄。

星期三：只吃綠色食物。

食物被強烈地去除掉原有的簡單，而被給予了一套新的裝備：過度執著、強迫和懲罰。

直到二十歲早期，我才能用不同的眼光看待食物，這要感謝治療，幫助我接受有些事不是我可以控制的。然而，一開始我採取自己的策略，就是完全不要去想食物。

對於吃下肚的東西，我發展出表面上無動於衷的態度：「哦，不管怎樣，我現在要喝下兩品脫的牛奶，吃下一整條的麵包，還要吞掉這個杯子蛋糕，他媽的有誰在乎呢？」對我來說，在意吃了什麼感覺是一種刺激，它會引爆我會走回頭路的恐懼，食物會變得過於強大，在它的掌控下我會失去自己，我會變成飢餓的牽線木偶，而食物控制了牽繩。我唯一能做的事是說服自己我不在乎，問題是，到處都是食物，到處都是食物的刺激。

戲院的工作之後，我在倫敦得到第一份像樣的工作，那是一個提供給學生獨享價與優惠的網站。和我坐在同一張桌子的女士們，共同決定進行一項健康飲食的挑戰，她們的計畫針對我做了邪惡的轉折，就是宣布到了聖誕節的時候，減掉最多體重的人獲勝，贏的人可以得到大家集資的錢和一條瑜珈褲。

我停止咀嚼我的花生醬加糖三明治（供你參考，當手頭很緊的時候，花生醬加糖是最美味的三明治抹醬），可以感受到胃裡有一小口憤怒之井在冒泡泡。我離開我的座位，去做通常當某件事讓我感到挫折時會做的事，我繞著建築物兜圈子。一個朋友找到了我，我解釋剛剛看到的事情，只是用了比心裡想的更戲劇性的描述：「她們是壞女人！」我大吼，「她們對彼此很壞，她們是壞女人，我非常恨她們！」

幾年後我在另一份不同的工作上，遇到類似的劇情，在聽到一群同事公開估算我們那天免費拿到的每個三明治有多少卡路里時，我真的非常生氣而衝到人資部門。這已經成為那個特定團體的奇怪儀式，免費食物送到的時候，他們會站在食物面前計算卡路里，像是在拍賣會上評估古董一樣。打他們的小報告讓我變成愛告密的女學生，但是我沒有辦法控制自己的反應，表面上我很憤怒，但是內心是恐懼的。我不想有任何事情讓我變回十幾歲的我，一看到任何食物（或甚至是一茶匙的精液），就能夠準確告訴你它含有多少卡路里。

我希望有某種方法可以去除所有附加在食物上的東西：羞恥、控制、權力。食物為什麼不能就只是食物呢？怎樣可以看著披薩，而它就只是披薩，而不是其它東西呢？

將我推向正確方向的事情是，要找到把東西吃進嘴裡的尊嚴（那就是她的用詞），我開始更常煮飯。我不是很棒的廚師，事實上，我在IG上炫耀用慢燉鍋煮的千層麵時，瞬間就失去一大票的追隨者，但這只是順道一提。吃下自己弄出來的東西，讓我比較容易以它原有的樣子看待它：營養、成分、醬料、一道食譜等等。我做的東西很少是超級健康的，不過總是比叫披薩，或是額頭上沾滿多力多滋碎屑睡著得好。

在網路上找尋食譜的時候，通常很難找到位於中間範圍的豐盛又健康的食物，不是超級放縱的奶油炸巧克力香蕉薄煎餅裹瑪氏（Mars）巧克力棒，就是一碗羽衣甘藍加上兩粒鹽。要避開放縱的東西很容易，因為我不善於烘焙食物，但乏味的羽衣甘藍碗（bowls of kale）就很難避免，它們到處都是。乏味的羽衣甘藍碗現在是一種流行。

我們被白人女性的保健潮流疲勞轟炸著，許多烹飪書、IG帳號、YouTube系列影片，都和製作奇亞籽碗和杏仁奶有關，而且絕大多數都是來自綁著髮髻、穿著瑜珈褲的白人女性。這不是以偏概全的言論，只要登入IG就可以知道。

這些作者使用的很多語言圍繞在「乾淨飲食」（clean eating）的用語，乾淨飲食的意思基本上是盡可能食用全食物（Whole food），也就是未經加工、精緻化或是處理過的食物。簡而言之，就是盡可能接近它們天然狀態的食物。如果這就是那種讓你開心的食物，那沒有什麼不對（而且你很肯定會獲得足夠的營養），問題在於「乾淨飲食」這個措辭，它暗示所有其他不符合這個標準的食物是「骯髒的」。二〇一五年的廚房女神奈潔拉．羅森（Nigella Lawson）上《女人時間》（Woman's Hour）電臺節目的時候說：「我認為食物不應該被用來虐待自己，我真的認為，人應該從它的好處尋得樂趣，而不是去想『唉，不，那是不乾淨的、不好的，或是罪惡的』或是『飲食是道德的』。」

奈潔拉成為我的食物偶像有很多原因。她的烹飪展現出炫目的情色風格，以開胃菜來說，她是最讓地球增色的美麗人類，觀賞她是極為迷人的經驗，但是她準備食物的方式，以及當食物完成後享用的樣子，也是令人充滿喜悅的。我特別記得，有一幕是半夜裡她身穿絲質睡衣走到冰箱前面，吃剩下的起士舒芙蕾，沒有絲毫羞愧或遮掩，這個女人就只是想吃一個他媽的舒芙蕾。那是她的，她可以吃它，沒什麼大不了的。

奈潔拉教會我要為了別人而喜愛做菜，分享你所做的，沐浴在你做的食物被讚美的光輝裡（即使你的派沒有煮熟，人們幾乎是在咀嚼生麵團）。她教我做菜時要如何放鬆，以及如何利用它來沉思。攪拌燉飯一個小時，同時播放惠妮・休斯頓（Whitney Houston）最暢銷的歌曲當背景音樂，是世界上最美妙的感受。

我在乾淨飲食找不到這種喜悅，其他的飲食也是，當我購買一些乾淨飲食代表開發的手機應用軟體時，我發現他們有多麼的拘束，更別說有多昂貴了。午休的時候，我跑到全食物商店購買香料和麵粉，還有一些我還不會發音的雪克原料，我想要和開心在做倒立的女孩一樣，喝自己泡的紅茶菌氣泡茶飲（Kombucha），但是我的沮喪、錢不夠、壓力，以及連做個倒立都無能為力，全都阻擋了我。我責怪自己，沒有辦法做到醫生要求我過的生活型態，我跟不上。

食物風尚到處蔓延，食物相關的科學不可思議地互相矛盾。某天一個標題告訴你藍莓可能可以治療躁鬱症，但第二天藍莓會讓你冒出嚴重的粉刺。閱讀這些標題和研究，讓我再度發現自己似乎沒辦法跟上，所以我停止了，我停止嘗試在自己的生活中強迫執行其他人創造的規則（經常是沒有經過深入研究的規則）。一個穿瑜珈褲的金髮女人告訴我麩質是有毒的文章，會直接被我丟進垃圾桶。我不久之前聽的播客也是一樣，是關於食物裡面的賀爾蒙會讓女人臨床診斷為精神病。聽過之後我變得如此多疑，我動手扯下浴簾（浴簾顯然不會有賀爾蒙，誰知道呢？）感謝上帝我有可以信賴的朋友凱莉，她是BuzzFeed的科學編輯，她告訴我把浴廉裝上是安全的，麩質不會殺了我，以及藍莓不會讓我的心理症狀更糟糕。

找出與食物的良好關係一向是困難的工作，你吃的東西以及它給你的感覺可能是雷區，要全部理解清楚是尚在進展中的工作，但是一路走來我學習到一些事情：

- 我嘗試注意正在吃的東西，限制心不在焉的時間，同時用筆電觀看《辦公室瘋雲》。我注意正在咀嚼的東西的味道和質地，甚至在餓得快死掉時，也試著不要狼吞虎嚥任何東西。
- 我開始告訴自己我真的值得好的食物，我值得擁有健康的感覺，我值得烤蔬菜、吃香料桃子和酪梨泥，我值得將錢花在新鮮的材料上，我值得醒來時的感覺是我可以應付一整天，而不是被前一晚吃的東西壓得喘不過氣。

- 蔬果商是天賜之物，很可惜，我已經搬離倫敦紐因頓格林（Newington Green）最好的蔬果商，我過去經常在籃子裡塞滿新鮮的原料，離開的時候只花了五英鎊。它改變了我對食物的想法，以及什麼才是好的一餐，現在我打算煮的每一樣東西，最少要有三種不同蔬菜，我想要用香料、海鹽和椰子油。當你只去轉角的商店或是特易購快捷店（Tesco Express），你忘了可以走遠一點，可能就找得到比較新鮮和便宜的蔬菜與水果。
- 不要比較你自己和別人餐盤上的東西，你朋友在吃沙拉，不代表你也必須如此。同樣地，如果每個人都在大啖牛排和肋排，而你真的想要份量比較小的東西，那就吃吧。
- 我試著利用食物來管理我的情緒，但那是一個過程，我越告訴自己不要因為壓力而吃東西，最後越會這麼做。所以我嘗試改變壓力之下吃的食物，與其吃生機蛋糕（raw cake）糊，我會改成塗抹上巧克力的杏仁、杏桃或是米蛋糕。
- 我嘗試不買已經成癮的食物。如果買了一些特定的食物放家裡，我會一次吃光，我不得不這麼做。它們對我來說太危險，光是談論到都會讓我流口水。十分鐘內我可以解決掉法國花式蛋糕，而且不只是一個，不，是一整盒。番茄醬口味的馬鈴薯脆片、一整罐花生醬和蘋果派也是一樣。有一次我把半個蘋果派丟掉，我才不會把東西全部吃光，結果又從垃圾桶把它挖出來，用手把它吃光。酷吧。

我的身體和我一直在一起進行一趟長途旅行。我現在試著把它認知為是一個我居住的地方。一個給我家的地方。幾年來，我在房子裡的鏡子前面懸掛毛巾和床單，這樣才不用面對我自認為是畸形的身體。我已經不再這樣做了，我嘗試一個禮拜最少一次好好地注視自己，直視鏡子裡正面全裸的自己。我試著說幾樣我所看到的東西，不可以是負面的任何事情，但是也不需要過度地正面。我通常這麼開始：「我的屁股上有顆痣。」「我右邊的乳頭躲起來了。」或是「我下腹部凸出來了。」心情好的時候我可能會加上，「那很可愛。」

如何善待你的身體

兩個字：跳舞。一直跳到你簡直忘了自我意識的感覺是什麼，在黑暗裡跳舞，在椅子上跳舞，躺在床上的時候跳舞。閉上你的眼睛，用你喜歡的方式搖動你的身體，沒有人在看，做任何腦袋想得到的奇怪動作。

泡一個他媽的真正奢侈的澡，背景放著加拿大饒舌歌手德瑞克（Drake）的音樂，水裡放入玫瑰花瓣，弄越多泡泡越好，只要你能應付得了。撫摸你的身體，從頭到腳，不需要感受任何事情，不需要從屋頂大喊「我愛我的胸部」，只要意識到你有一個身體，那是你的，而且你對它心存感激。

你的身體不是由有問題的區塊組成的，沒有壞的補釘或噁心的部分。把你的身體看成一個整體。它不是一個牢籠，不是一頂帳篷，不是一座監獄，而是一艘會帶你到任何你嚮往之地的太空船。

用你想要的方式打扮你的身體。我喜歡刺青和便宜的超市染髮劑，可能你會想要穿乳環，或是剃光頭，或者瀏海對你來說可能已經是很大的改變了。

對於不尊重你身體的人，不用回應。對於錯誤稱呼你性別（misgender）的人，不用回應。忽視你的人，不用回應。

對待你的身體就像它是一座花園，需要水讓頭髮成長，需要陽光和照顧，也需要養分。你不能夠懲罰一座花園，同時又期待它成長，你不能把它剁碎，撕裂掉一小部分，切下樹枝，又期待它開花。

感謝身體能做的所有事情，不要因為它做不到的事而背叛它。

你的社群動態、剪貼簿和儲存的影像填滿你崇拜的人，那些長得像你的人，以及那些對美麗標準說他媽的而且大膽對抗的人。

要記得，女人經常被迫覺得她們的身體是敵人，男人利用我們的身體，將他們的欲望轉移到我們的肌膚上，我們別無選擇，只能配合。我長大以後，我責怪我的大屁股在街上招來騷擾和口哨聲，當老師總是從上往下看著我的上半身，讓我覺得不舒服時，我責怪我的胸部。當我的裙子往上縮，坐在電車裡的乘客想偷窺時，我責怪我的長腿。我的身體讓我覺得噁心，它是吸引多餘注意力的磁鐵，但是我的身體並不應該受到那樣的憎惡，那些不能夠尊重女性身體的人，才是該受到責備的人。

要記得，你的身體是一部神奇的機器：你的皮膚每個月會自動更新一次，你擁有等同於六萬兩千英哩長的血管，而且你每小時製造一億八千萬個紅血球。簡單來說，你的身體是個熊孩子，它值得你的尊重和喜愛。

看看鏡子裡的自己。我發現這很困難，而且幾乎很難不擺出個「討人厭的」嘴臉，不過我試著避免。注視它，注意你的身體看起來像什麼，哪裡有曲線，哪裡是凸出來的，哪裡有疤痕，哪裡有肥肉。我越看自己的身體，就越清楚每個地方的細節，也比較容易接受這就是我所居住的身體，而且對我來，這就是最好的身體。當我忽視我的身體，或是假裝它不存在，就沒有辦法感覺它是真正屬於我的。

擁抱你自己，愛撫你的胸部，觸摸你的陰毛，說「你是最棒的」、「你超強」，或是對你的身體說任何你喜歡別人告訴你的話。

心臟
THE HEART

CHAPTER

6

當你戀愛的時候

REMEMBER THIS WHEN YOU'RE FALLING IN LOVE

即使現在你只裝備了一點點的自愛（self-love），你的狀況已經適合到外面去，讓你的約會對象大吃一驚。約會總是令人忐忑，但是帶著焦慮約會，感覺像是不管去到哪裡，都帶著嚎啕大哭的嬰兒一樣，是的，這是家很不錯的餐館，不過，有個放聲大哭的幼兒坐在大腿上。努力不讓恐慌的浪潮從胃裡翻攪出來的同時，要如何散發出好形象呢？我想表達的是蜜雪兒·菲佛式的風格，但是覺得自己像極了《大法師》（The Exorcist）裡面的女孩，邋遢、著了魔似的，還極度的慾火中燒。

對我來說，約會的感覺總是像在工作面試，或是培訓。你嘗試去瞭解彼此是否合適，你必須把最好的狀態、最有趣和令人印象深刻的自己表現出來，同時還要盡可能發掘對方是什麼樣的人。我給自己的評價是善於問問題。我生性好奇，並且真心覺得大部分的人都是有趣的。但是我得確定，自己沒有突然變成在對他們盤問。

當情勢轉變，我變成接受提問的那一方，就很費力了。我會僵住，絞盡腦汁企圖找出關於自己的趣事，結果什麼都想不出來，我想告訴那個人我的肩膀可以怎樣前後左右自由活動（double-jointed），卻含糊地說了類似「雙關節肩膀」的話，這又讓我更加恐慌，因此連珠炮般補上與自己有關的亂七八糟的事，但通常是不恰當的，從我那天吃了什麼，到胸罩的尺寸等等。有時候我的強迫症很嚴重，我必須悄悄重複三次對方說的每一句話。

約會造成我很大的焦慮，可是我從來不會發誓要完全戒除約會。恢復單身時，我會全心投入一大堆約會，不斷嘗試新策略，直到有稱得上固定的行動計畫。我會帶著一套我認為有趣的故事，這樣大腦僵住時就不會太有破壞性。

我的「約會寂靜無聲時派上用場」的故事，一向都是胡亂說些有關新加坡機場的小故事。實際上我完全不知道那是否是真的，但顯然地，假如你的班機延誤超過五小時，會獲得免費的市區觀光，而且可以免費使用他們的游泳池。（如果你在新加坡機場工作，而你知道事實上這是個謊言，拜託你通知好幾打在倫敦聽我講過這故事的男人。）我用這個故事，或者任何可能是假的機場故事，作為讓神經放鬆的開場。（你知道在一九八七年，美國航空〔American Airlines〕從每份頭等艙的沙拉拿掉一顆橄欖，因此省下四萬美元嗎？）

唯一的問題是，我這麼仰賴我的機場故事，我開始記不清楚我對誰說過，而誰又還沒有。第二次約會時，我會迅速掏出我的故事，有關雪梨到達拉斯是最遠的飛行距離，然後才意識到我在第一次約會時，或是一個小時前可能才剛說過。慢慢地，我的便利工具變成最差勁的敵人，我聽起來像是失靈的電子玩具菲比小精靈（Furby），一直吐出機場故事，直到電池耗盡為止。

所以我是怎樣學會冷靜呢？簡單的說，我並沒有。我學到最重要的事是，我永遠都會緊張。有些約會我沒有那麼緊張，這跟和我在一起的人有很大的關係，他們所做的一點小事，會讓因為約會而焦慮的人感到自在。基於某些原因，當約會對象真的說出我的名字時（例如，「很高興見到你，瑪姬」或是「瑪姬，你是在哪裡長大的？」），感覺像是他們認為我是重要的，並且值得他們花時間在我身上。當某個人對服務生很友善時，我會覺得他們很有禮貌，而且我可以信任他們。他們會喝酒，但不會一直跑去吧檯續杯，我會覺得我們可以相處得很好，而不會把事情搞砸。

我會做一些事情來讓自己舒坦一些，第一：從其他地方尋求幫助。當我走路去見約會對象時，我喜歡和朋友講電話，但在我看見約會對象時，這個朋友不會介意我突然掛斷電話。當我在找尋地點時，不介意我做實況報導的人：「我正在街上走路，可以看到酒吧了，我可以從窗戶的反射看見自己，我看起來像個小精靈，沒關係，小精靈算是有點可怕的性感，搞不好約會對象很愛。好的，我經過了酒吧，他們才不會看見我站在那邊等，好像沒有別的事好做。我在走路。我的天啊，我看見他們了，他媽的，好，該死。我應該揮手嗎？不，不，我不要揮手。我會沒事的，好的，我要走了他們看見我了！」

約會的時候，我需要很容易就能拿得到水，水會減輕我的焦慮，沒有水的話，我會感到恐慌，我可能會脫水，並且立即乾枯得像顆梅乾。我也會妄想在約會的時候被食物噎到。

當我全身緊繃時，吞嚥一小口素食漢堡的簡單動作，都必須全神貫注，我需要水幫忙把食物吞下去。

有一次我和交友軟體 Tinder 認識的對象去紅磚巷（Brick Lane）買衣索比亞咖哩，我們坐在公園外面的長椅上享用。食物很棒，但是我覺得肚子有一點刺痛，可能只是一個我不習慣的香料引起的一點點攪動，但是在覺得世界末日快要來臨的大腦裡，我突然很恐懼，我就要在那裡、在那個時刻得到完整的食物中毒。

身體覺得沒事，但是因為我正想著要是不舒服的話將有多麼糟糕，我開始真的覺得不舒服。我的胃好似凝固了，感覺有東西要從喉嚨爬出來。我試著專注聽他說的事情，忽略強烈的噁心感，可是他正在非常詳細地描述他新買的公路腳踏車，無聊到很難保持注意力。我看見他後面幾英呎遠的地方有個垃圾桶，便藉故說我要去把空的咖哩餐盒丟掉，他說要幫我拿去，但我堅持，也許有點太過堅持，要自己來。

我把我們的餐盒往垃圾桶底部扔，這樣我才能夠傾身向前，利用這當作藉口，把身體可能想要傾瀉的東西吐出來。我告訴身體，如果它真的想吐，可以現在就吐，比較不會被注意到。我張開嘴，進一步往前挪動，但除了偽裝成咳嗽的乾嘔以外，沒有吐出東西來。我腳步蹣跚地走向約會對象，建議我們去散個步，我看見轉角有間商店，進去買了瓶水。

當我終於拿著瓶子貼近臀部，冰涼的液體好像把燃燒中的建築物的火熄滅了一般，咖哩黏稠的味道消退，噁心感消失，我終於感到平靜。我問他要不要喝些水，他喝了一大口：「哦，我很需要！」我笑了。這有點諷刺。

從那時候開始，我無論到哪裡總是會帶水在身上，不論是約會、工作面試、搭電車，或是騎腳踏車。水千真萬確對你是好的，在它進入身體的那一秒，你就明白你是在做一件對身體有益的事。

約會也會牽扯到不屬於約會的事，你會擔心、緊張、推敲著要如何以及在何時做回應。假如事情進行得順利，有第二次約會的可能，我會在電話旁邊徘徊，像隻飢渴的動物在泉水附近閒蕩一樣，它是生命的泉源。如果收到約會對象的簡訊，我會立即感覺變好、有活力，並且覺得這是個讓人快樂的世界。如果井已經乾枯，而他沒有出現，我會感到悲哀，覺得被拒絕。

在糾纏了幾百萬次以後，我已經屈服於「他沒有那麼喜歡你」學派，這句話成名於二〇〇〇年代早期一本同名的自助書籍，後來也拍成一部不怎麼樣的電影。我十五歲時第一次看這本書。我在MySpace上遇見一個同樣熱愛情緒搖滾（emo music）的男生，他沒有回我的訊息，我說了句「哦，好吧，他沒有那麼喜歡你」就拋諸腦後。在我整個約會生涯裡，我一次又一次地重複這句話，它是有用的，讓我可以馬上不理睬欠債不還的男人，但是這句話我說得太頻繁和太迅速，又幫了倒忙。甚至某個男人花了一小時而不是十分鐘回覆我，我都會像說口號一樣大聲說這句話，連約會都還沒開始，我就會和那個男的分手。

我和現任的男友艾力克斯在交往初期安排一個約會時，距離我們上次見面已經一個多禮拜了，我正處於「是的，很確定這個男人不喜歡我」這個想法的高峰期。他上線了，卻沒有讀Whatsapp的訊息，因此我假設他應該不在，正在和其他的倫敦女人上床，忘記告知我了。對我來說他太炙手可熱，我們是不會有結果的。

令我大感意外的是，他出差回來後的星期五晚上跟我聯絡了。我那時剛從酒吧離開，正搭Uber回家，他問我晚上過得如何。艾力克斯和我來回互傳訊息，關於晚上我們各自做了什麼事。對話進行到一半，我們約了隔天見面。那晚我開心而興奮地上床睡覺了。

當我醒來時，記憶像是被抹去一樣，我們的對話被「每件事都很糟糕」的思想黑洞吞噬。因為我有好幾個禮拜都沉浸在「唉，他肯定不喜歡我」的感覺裡，已經變成習慣，就像一件有臭味、讓你身型變成方形的連帽外套，你還是會穿它，因為你已經穿了很多年，而且它很舒服。

有個朋友早上打電話來，問我那天打算做什麼，我抱怨有一個我真的很喜歡的男生，但是他沒有對等的回應，然後我想我們還會再約會一次，不過什麼事都不會發生，我很悲哀等等。她要我回床上去，等幾個鐘頭，再傳訊息給他，如果他沒回，我就去她家，我們來做一些有趣的事。

掛斷電話後，我打開電視看《歡樂單身派對》(Seinfeld)，拿了一袋多力多滋玉米片，現在我將這麼度過我的星期六。到了下午一點，我收到艾力克斯的簡訊：「嗨，會晚到五分鐘，待會見！」

待會？

待……會？

待……會？？？？

我的心臟猛烈跳動，胸口一陣緊縮，他要去哪裡？他會晚點到是什麼意思？我們要在哪裡碰面？我怎麼不知道我們有這個計畫？我快速瀏覽我們交換的簡訊，然後想起來了。下午一點，薩默塞特府（Somerset House），就是在那裡，記憶閃現，他媽的他媽的他媽的他媽的他媽的。

那時從我的公寓搭電車到薩默塞特府要九十分鐘，而我已經在前一晚把每個月搭乘「他媽的叫一輛Uber就好」的零用錢花光。我發送一千個道歉訊息給艾力克斯，焦急地希望他不會被我的遲到所觸怒。由於他是一個真正友善又正常的人，他說不要擔心，他會去買點東西，然後在咖啡店等我。

這個問題解決了，但是我看著鏡子，明白還有另一個困境。多力多滋碎屑沾滿我的臉頰，由於昨天用了乾洗髮和倫敦地鐵的髒污，頭髮黯淡無光澤。我用短袖運動衫擦臉，拿粉刷和一些化妝粉遮蓋掉臉上大部分的油汙，迅速換上洋裝，抹了除臭劑，嚼口香糖，然後往大門外衝。

如果我的大腦沒有自動假設最壞的狀況，我就不會這麼倉促，就能夠有個美妙、輕鬆的星期六上午，也有充分的時間準備妥當，並且覺得信心十足。我就不至於淪落到必須在倫敦街頭奮力奔跑，而腋下的汗水就像瀑布般滲出來。

不需要把心理疾病告訴任何人

假如你的心理狀況影響了每天的生活，你可能會覺得，想和約會對象分享你正在經歷的事。什麼時間、地點，以及你想怎麼說，完全取決於你，這是你的資訊，是屬於你的，如果你不想，沒有人能強迫你說出任何東西。

有一次，有個朋友在酒吧打烊後辦她的三十八歲生日派對，我困在酒吧裡，被迫與一個愛爾蘭糕餅廚師聊天。我說困住是因為，酒吧的形狀像是一道狹窄的走廊，一旦你站在某個人旁邊，在當天晚上的其餘時間，那就算是你的位置。所以打從一開始，對一個患有焦慮症的人來說，那是一個不妙的位置。

糕點廚師頭禿，有著深海藍的眼珠，二頭肌有部落的刺青。他問我靠什麼維生，我告訴他我在寫作。

「你寫什麼？」

「主要是心理健康相關的文章。」

「哦，哦。」

他往後退了一步，好像我剛剛說了髒話，有個警告標誌在我們之間閃爍。他不是我能夠處得來的男人，接著他又讓狀況變得更糟糕：「唉呀，我認識一些真的發了瘋的女孩，是真的瘋了。」

首先，這個男人已經四十幾歲，也就是一個成年的男子，應該知道不要稱呼女人為女孩，除非他說的確實是一個小孩，然而他並不是。再者，他在言談中劃出他（一個頭腦清楚的人）與那些所有他認識的女人（瘋子們）的邊界，暗示她們是不正常的，而他是受害者。

糕餅廚師察覺出我稍微翻了白眼，開始為自己的言論找藉口，把所有躁鬱症前任的事告訴我，以及她是怎樣毀了他的生活。「她應該早點告訴我她有躁鬱症，我就會有所準備。」我不知道該說些什麼。我才剛認識他，我覺得我不想要他向我傾吐他自己和前任的歷史。他決定改變方法：「那麼你是根據經驗來寫的嗎？」我點頭。「你有什麼問題嗎？」他用開玩笑的方式這麼說，他的藍眼珠發出光芒，但是我不會這麼輕易上鉤。「我沒有問題，我有邊緣性人格，伴隨憂鬱症和焦慮症。」然後我做了一個過火的屈膝禮，環視四周尋找逃跑路線，但是他依然還沒結束。

「你有告訴和你交往的人你有心理問題嗎？」

「最終還是會，我想。」

「但在第一次約會會嗎？」

「我不確定？」

「你應該告訴他們。」

「為什麼？」

「不然就是不實廣告？」

「蛤？」

「如果他們不知道你有什麼問題，那這就像是你在說謊？」

在這個時候，在我腹部慢慢加劇的憤怒擴散到全身，我想要當著這個男人的面大叫，讓他瞧瞧什麼是成熟的瘋女人，但是我把憤怒吞了下去，逃到廁所裡，針對剛剛的情況，在推特上發送一連串的憤怒訊息。我知道他聽不進去我說的話，或許我可能為了嘗試而太疲累，而且擁擠的走廊形狀酒吧不是適合做這件事的地方。那個晚上剩下的時間裡，我都在躲著他，回家後我捶了枕頭好幾下。

沒有在第一次約會時告訴對方我有心理問題，並不是不實廣告。與人們腦袋裡發生的事情相比，人的本身更重要。是的，有時候那個部分在我生命中確實掌控一切，讓情況變得不穩定。有時候事情可能惡化，以至於關係結束，或者結果是我停止傷害別人，但大部分的我都是沒有問題的。我去約會是想要告訴你我的人生，好的部分，有趣的部分，以及我認為更重要的部分。

把我的心理問題告訴某個人，必須是在我開始完全信任他們的時候。我知道我們的關係是長時間的，不只是酒吧外面一連串的酒醉絆倒事件而已。

我一直很幸運，沒有人對於我分享自己的問題，做出不好的反應。如果我可以看出來對方對這件事會閃躲或是不自在，我大概從一開始就不會被他們吸引了。有一次和某個人喝酒，他講到他們的性愛，並且提了好幾次她是「變態」，我心裡想，不，這個人不適合我，我不會想要和這種男人約會。她或許不是很棒，可能做了一些不妥當的事，但是我不知道故事的全貌。想到會成為某個人刻薄描述的對象，令我心生厭惡。

CHAPTER

7

當你做愛的時候
REMEMBER THIS WHEN YOU’RE HAVING SEX

性愛是美妙的，高潮是美妙的，當有人如此熱情地輕吻你，你會失去自己，腦中開始跳起華爾滋。當每一件事都是夢幻而可愛的，那也是很美妙的。然而，事情不是永遠都是如此。

我讓自己很快就投入性愛，因此並沒有帶著太多的熱情。它是猛烈、迅速、痛苦和消極的，我像性愛娃娃一樣地使用自己的身體，希望有人可以再度帶給它生命。但是，性愛不會帶給它生命，自我照顧、自我尊重和真的過得好，才能帶給它生命。讓某個人把指頭插入我體內深處，帶來的是疼痛，不是在享受自己，或是享受一段美好的時光，我是在自我傷害，而且我是利用別人來這麼做。

邊緣性人格也讓隨意的性愛變得很困難。因為我對事情的感受變得非常強烈、非常快速，我和在家庭派對上遇見的男人上床，但是我們沒有任何共通點，而他卻快速成為絕對是世界上最好的男人，我的天啊，我等不及我們的小孩從我的陰道冒出來。即使沒有邊緣性人格，我也是無可救藥的浪漫派，我喜歡遇見可愛的男人然後一見鍾情的想法，我想要立刻產生連結，但是因為太過於渴望，有時候我會強迫它發生。

在我情況最糟糕的時候，我會求助於性愛，希望能夠再度「感受」到某些事情，但結果都是徒勞。我和我知道並不合適的人做愛，但是腦袋裡把他們包裝成救世主，我把身體全部交給他們，並且經由他們的眼光定義自己。我會變成一個蠢蛋，輕易相信鬼扯的讚美和搭訕的言辭。我曾經遇過有女朋友的男人，但是我不在乎。我曾經遇過會說「我通常不會這麼做」這類話的男人，並且不在意這大概是他們捏造出來告訴每個人的話。我讓他們跟我回家，而且告訴自己這肯定代表我有些不錯的地方。

我墜入這種無意義、枯燥的做愛方式，同時偷偷地希望它能夠帶來更多的東西。我和前任以及不認識的「渣男」睡覺，還會和低級趣味的離婚男人打情罵俏，我心想，可能會從這些互動發展出些什麼，但是一旦符咒解除，回到家以後，我會咒罵自己的言行舉止。跟我在倫敦地鐵區域線（District line）搞在一起的已婚男人，肯定不會是把我從自己拯救出來的人，尤其是不可能用他撩起我裙子的手，或是他探進我嘴裡的舌頭。

我在那段時間的生活很像是手裡拿著葡萄酒在倫敦到處奔波，試圖要找到自己。看著我在那個時期買的衣服，全部都是緊身的黑色洋裝，以及愚蠢的高跟鞋。只要是你喜歡，穿著緊身洋裝到市區沒什麼不對，但是我是每天晚上都這麼做。我用人們有多想跟我上床來定義自己，我非常想要安全和放心的感覺，不過相反的，我卻做出差勁的決定來危害我的安全。

我依然不大瞭解，要如何區分好的性愛和壞的性愛。跟你做愛的人不一定都是你愛的人，所以這不能拿來當作定義的標記。我覺得它和相信自己的直覺有很大的關係，你心知肚明什麼是錯的，以及什麼是對的，或者至少什麼樣的感覺是安全的。我曾經拋下和朋友共度的完美夜晚，因為某個我不在意的男人傳給我他老二的照片，並且要我去見他。在我的腦海裡，我覺得我是比較大的受益者，可以從中獲得些什麼。但事後來看，與朋友共度一個安靜的夜晚，聊天，開玩笑，將會好很多。

我在學習如何替自己做出更好的決定，還有這麼做的時候要怎樣保護自己。我在嘗試要是出現一個聲音說，感覺「這是不對的」，當我聽見的時候，要奉行它的指示。我很幸運，現在與男朋友擁有很棒而良好的性關係，如果我說「不要」，那就是不要，沒有壓力，我不會覺得有義務去做我不想做的事。我覺得對很多人來說這可能絕對是「是的！這應該是常態！」它應該是，但是當你的自我意識已經被憂鬱和自我毀滅消滅殆盡，雖然你知道什麼才是對你好的事，也不一定容易做到。這是一個學習的過程，也是我終於覺得能夠掌握的過程。

CHAPTER

8

當你進入一段關係的時候

REMEMBER THIS WHEN YOU'RE IN A RELATIONSHIP

太棒了！你已經戰勝了大腦，他媽的，那就是約會，你們正處於那種走在街上會牽手的關係當中。除非你像我一樣，牽手會讓你退縮，那麼你們可能偶爾會勾勾小指頭，或碰觸彼此的手指頭。如論如何，你已經身在其中了，你已經找到某個你喜歡花時間和他在一起的人。你們經常在一起廝混，做愛。你的朋友認為他很棒，然後不可避免的事情發生了。每一段關係的一開始都很美好，那個時候的每一件事都很有趣，但也很容易變黯淡，像是一件因為清洗而掉色的舊短袖運動衫，你們兩人之間的所有感覺也變得不那麼耀眼（不過要忍耐，因為舊短袖運動衫一向是我的最愛，也磨損得最嚴重）。

你們可能開始為了小事爭吵，第一次在彼此面前哭泣，你在過去的關係當中厭惡自己的一些行為又回來了，無論是妄想、沒有安全感、忌妒、雞蛋裡挑骨頭等等。

有些部分是無可避免的，因為兩個人花很多時間在一起，他們已經瞭解彼此。不是表面層次的東西，而是所有底層的事物，包括那些困擾你，以及讓你恐懼的事物，它們不可能全部都是美好的。

我發現這部分的關係超難駕馭，因為我是一個相當「極端」的人，如果我和別人爭論，即使只是很小的爭吵，我的大腦會認為是彼此在互相吼叫，我們可能最好分手，因為實在是太糟糕了，再見！我這麼迅速就把事情一筆勾銷，並不是因為我想要，而是在內心深處有個清楚的感覺，認為我不值得被愛。聽起來超級戲劇性和情緒化，但要是有一件關於我的事情，是想當我伴侶的人應該知道的，那就是這件事，它是我所有怪異行為的根源。我真的覺得我的冷漠是與生俱來的，任何對我說愛我的人，一定完全是胡說八道，或者更糟的是：我哄騙了他們。

我使盡全力對抗這種感覺，對和我在一起的人越誠實越好。我可能會對一些非常平凡的事情抓狂，那不是因為我過度沒有安全感和忌妒，我真的不認為他們會跟他們不斷在IG上按讚的那個火辣女孩跑掉，而是因為我的大腦在收集支持我的假設的證據：沒有人會愛我。有些關係要收集這種資訊很容易，我曾經交往過欺騙我的人，或者不是欺騙，而是近乎欺騙。反過來說，我曾經有段真的很好的關係，不過是我讓他們迅速轉身離去，來符合他們並不是真的愛我的理論。

我在過去幾年就是這麼閃電歷經過一連串的關係，一直重複與人約會的模式，戀愛，要他們說愛我，然後用我的方式讓他們結束戀情。因為從一開始我就沒有真的相信他們。

愛情對我好像是一塊肥皂，不斷地從我手裡滑落。每一次我以為我知道它是什麼，然後它的定義又完全地改變。每一次我以為我在戀愛，覺得這次跟以前完全不一樣，這次是愛情，像是愛情的愛情，所以一年以前的那個一定是別的東西。

當我和一個叫M的畫家的關係以悲劇收場時，我對於自己在交往時不斷出現的恫嚇行為，決定必須要有所行動。或許我不該和M交往，我們是室友，因為距離很近，因此非常尷尬。我告訴他我不認為他是真的喜歡我，在我們吵得太厲害以後，我們同意暫時停止。對於他不是真的喜歡我，他並不承認，但是他同意吵架的部分。直到隔一天我又重新跑去約會為止，我們的結束是很平和的，因為我們距離很近，他明白我在做什麼，因此寫了電子郵件給我，大致上是我恨你的十件事，不過真的是他所憎恨的事，而不是暗地裡認為可愛的事。

他說他恨我，因為我是壞女人，操控他的感覺，還有自私。這好像看見每一件我憎恨自己的事情，出現在皮卡迪利圓環（Piccadilly Circus）的布告欄，我面臨了我人格的醜陋真相，或至少是我的人格是怎樣操縱這段關係。我說服自己他不是真的在乎我，是我阻止了我們擁有一段真正的關係。

即使我們分手了，我想：「唉，他不會在乎的，這對他來說什麼都不是。」我也不認為這真的會對他產生影響，或可能會讓他傷心。我從來不認為他對我有任何的感覺，我明白我不是我所有關係失敗的受害者，我主導了關係的破裂（好吧，大部分的關係）。我把他們趕走，並且忽略他們的感覺。

改變我的關係一向不是世界上最容易的事，有時候我真的會在街上奔跑，為了自己大腦製造出來的問題而哭泣，但我也學到這不是我單方面的錯。深深地覺得不被愛是寂寞的，而且是糟糕和疲累的，我不是因為這樣很有趣和好玩，而故意帶著這個感覺。它毫無理由地增加了我難以負荷的重量，它阻擋我的去路，也阻擋了別人的去路。我恨它。

感謝治療和現在的男朋友，無論如何我真的、真的想要盡全力，我在學習原諒自己搞砸了過去的關係。我在學習停止認為自己永遠是最差勁／最醜／最臭／最笨的人，我在學習我擁有可以讓關係加分的優點，我是一個好伴侶，我關心大家，我可以讓大家開心。這不是偉大的魔術技巧，它是真的，也是可能的。

當我的大腦準備要匆匆做出結論時，我也嘗試設計一個簡單的清單。（警告：有時候匆忙做出決定是正確的作為，像是曾經和我約會的一個男人，他對我們一個女同事在IG上做的每一件事虔誠地按讚。很快地，他甩掉我以後，他們就在一起了。無論如何，一般來說，結果不該是這樣的。）當我感覺到胃的底部有小小的火花，讓我覺得即將出現討人厭的戲碼，我會盡力停下來，即使只是一秒鐘，並且閱讀這份手邊的清單：

・在想法繼續盤據惡化之前，停止思考任何事情，只要停下一秒鐘，檢視那些想法，發生什麼事？什麼事情在困擾你？你在害怕什麼？
・大聲說出其中一些想法，很幸運的，我現在和世界上最有耐心的人約會，一天問他一萬個問題，他都可以接受。典型的會話會像是這樣：

我：你愛我嗎？

他：是的。

我：但是你喜歡我嗎？

他：當然是。

我：但是你喜歡的是真實的我嗎？

他：是。

我：好的。要吃披薩嗎？

・不要把所有你曾經約會過的男人混為一談，有時候一段關係發展出來的模式，你可能看得出來在以前的關係也出現過，如果它們是有根據的警告徵兆，例如它們讓你覺得自己是不好的，那麼你絕對應該採納，但是如果只是一些日常小事，不要這麼想：「唉，我的前任曾經斥責我，把衣服丟得滿地都是，現在又來了，另一個男人企圖改變我，唉，我的天啊，所有的男人都很糟。」現在只要說：「你看，我是個邋遢的人，我想要的時候我會收拾乾淨，試著改變我是沒有意義的。」這樣的話，關係可以朝它自己的方向進展，而不是追隨我以前的途徑，把關於邋遢的小爭吵升高成十倍大。

CHAPTER

9

當其他人傷害你的時候

REMEMBER THIS WHEN SOMEONE ELSE HURTS YOU

關係，至少是好的關係，由於感到自在和安全，讓人自然解除銅牆鐵壁的自我武裝。隨著彼此逐漸認識，你會安心讓他們看見他們未曾見過的那一部分的生活。

為了達到這個階段，需要相當瞭解你自己的邊界，因為讓誰進入你的人生，以及他們是以什麼樣的形態存在，不一定都是你可以選擇的。對你好的人會順從你的暗示，當你要他們離開時就會離開，但是當你需要幫忙時，他們就會留在原地。簡而言之，他們尊重你的邊界。

一個非常簡單的定義是，邊界往往是實體或心理的，實體的邊界不需要解釋，就是你和某個人之間的障礙或是其它的東西。心理的邊界就很複雜，西朗・班森（Ciarán Benson）教授在〈不可思議的自我邊界〉（The Unthinkable Boundaries of Self）論文裡面寫道，心理邊界與占有或擁有的行為密切相關，包括什麼是屬於你的（東西、人、想法、技巧、權利、名譽、特權等等）。基本上，就是你所掌控的以及稱之為你所擁有的東西。這也包括你隸屬於其他事物（團結、團體認同、義務等形式）的方式，它們控制你，也對你主張權利。就這層意義來說，人們所擁有的東西，以及他們擁有這些東西的方式，形塑了他們現在是什麼樣的人。

當你是敏感或焦慮的，或是你在生命中經歷了創傷，你的關係可能會有複雜的心理邊界。從你對自己的所有權的感受，以及其他人對你擁有所有權的層面來說，當中會有一番拉扯。

我架設了銅牆鐵壁來保護自己不受外在世界所傷害，但我的腦袋如此混亂，因此我的邊界大部分是出自自衛的本能。我需要空間來復原某種平衡，如果人們太靠近我，他們會讓我在自己的遊戲裡失衡得更嚴重。然而，有時候我催逼得太嚴厲，因此被留在自己腦袋裡的孤獨房間裡，心痛地渴望擁有伴侶關係。但是要讓別人進來卻已經太遲。

當有人做了一些令我不舒服的事情，逾越了我的邊界，我會進一步退縮到自己的世界，封閉自己。我選擇在這個世界占有的空間變得更小，我變得更渺小；我的希望和要求以及我的聲音，全部立刻縮小。

在這樣的時刻，我會試著回憶某個對我來說擁有正確想法的人，某個會防衛自己的領土，就像驕傲的地主開槍趕跑侵入者一樣。

我曾經陪伴一個希臘同學安東尼雅（Antonia）去購物商場，她當時十四歲。和我同年。她的頭髮是霧金色，穿肚臍環，Converse帆布鞋上綁著霓虹色的鞋帶。她散發著一種光芒，無論何時看見她，似乎都擁有大部分十幾歲女孩缺乏的一種自信。霧金色的頭髮總是燙得筆直，她經常輕拂頭髮，像是把肩上的手提包往後甩一樣。雖然我比她高很多，但我瘦長的雙腿得吃力地跟上她快速的步伐。

我們穿過美食廣場，走到商場盡頭的手扶梯，她要買一些新的夾式耳環，我想買無論是她買的任何東西，任何可以讓我更像她一點的東西。

一大群年紀比較大的男孩經過我們，我把拳頭握緊，因為我知道接下來將發生什麼事。他們至少會發表些什麼言論，最糟的狀況是他們會企圖觸摸我們。這個購物商場已經變成性騷擾的熱門地點，大我至少五歲的男孩們會碰我的手臂、屁股，或者在我試著尋找出口時跟著我。但是我還是會回去，因為想吃唐先生甜甜圈（Dunkin' Donuts）的欲望，超越了男孩們對我身體毛手毛腳的壓力。我學到去商場永遠要穿長裙，把長瀏海梳到蓋住臉，將套頭衫綁在腰間，以遮擋任何的曲線。

即使有了層層的武裝，我知道我們沒有辦法與這一大群興奮的雄性激素匹敵，這些傢伙經過我們，並且不令人意外地發出嘖嘖聲，說了些我聽不清楚，但一定是粗魯的話。我閉上眼睛，加快步伐，希望安東尼雅也是一樣，但是安東尼雅卻做了完全相反的事。男孩們慢了下來，她就正對著他們停下來，直視著這群人的頭頭的眼睛：「不！」她對著他大吼，她的聲音不會尖銳或恐懼，是堅定和強烈的，而且令人開心地具有威嚇的效果：「不要再來一次。」她牽起我的手，我們繼續往商場裡面前進，下了手扶梯，直接走進克萊兒飾品店（Clair's Accessories）。我想擁抱她，但是她正忙著找尋耳環。安東尼雅並沒有為自己做任何超乎尋常的事，只不過是見到令人不舒服的狀況，挺身為自己站了出來，利用自己的聲音重申自己的邊界，告訴任何想搞她的人不要越過那條線，她不會允許他們這麼做的。

我非常想要沾染一些安東尼雅的硬漢特質，但還離得很遠，我的「不」從來都不像安東尼雅一樣大聲，比較像是溫柔的低語，我不知道要怎樣才能聽起來像她一樣。

一星期以後，我和媽媽到同一家購物商場，我們一起搭手扶梯，她站在我前面，一個站在我後面的男人掀起我的學生裙，把整隻手放在我的屁股上，然後步出手扶梯，消失不見。我的身體當場僵住，我想尖叫，他的手碰觸過的地方好似在燃燒一般，我恨他，我想要找到他，痛扁他。我是如此的憤怒，想要拿著棒球棒在商場裡奔跑，把東西砸成碎片。

但是我什麼事都不能做，我感到羞愧，我對自己的沉默感到羞愧，而且只有變得更嚴重。媽媽問我要不要吃點東西，我卻問說我們是否可以回家。我知道安東尼雅不會讓這樣的事情發生，要是她在就好了。

我從來沒有找到要如何把內在的安東尼雅釋放出來的方法，事實上，隨著年紀增長，我的邊界變得更沒有彈性。它們是嚴密的，我不喜歡被碰觸，不喜歡人們坐得離我太近，我的周圍環繞著力場（forcefield）。

歷經艱辛的成長歷程讓我明白，邊界和你的情緒空間可以緊密地結合在一起，在你選擇要顯露什麼給人們看見時，會經常展現它自己。當我緊張的時候，我對於嘲弄自己毫無問題，經常分享性愛、放屁，或是跌倒等不妥當的故事。這是在任何人取笑我之前，先嘲笑自己的方式。

所以從外在看來，我似乎對每一件事情都相當冷靜，但是實際上我是過度分享，以至於將自己變成一個笑話，我不想任何人太認真看待我。這是一個2D版本的我，藉由投射出那個人，我把人們拒絕在外，我推出一個比較有趣版本的自己，並且收回那個容易受傷的人。「你不會相信我上個禮拜幹了什麼他媽的蠢事！」是我自己的私人煙幕，我在告訴人們去看另外一個瘋狂揮舞手臂的人，不要看那個在角落裡的女人，讓那個女人獨處。

如果談論邊界的這一切讓你覺得困惑，這裡有一份清單，是我覺得有時候人們在一些小地方、甚至是很難注意到的地方上不尊重我的邊界，那麼你就可以知道我的意思是什麼：

- 當有人（通常是男人）大喊：「喂，親愛的，給我笑一個！」對於我是否想聽他的命令，我沒有選擇，因為他就正對著我的耳邊喊。
- 當我和某個人坐在一起，他覺得我討厭肢體上與人接近很有趣，因此把他們的椅子搬到我的面前。
- 我十四歲的時候，學校裡有一些男孩在更衣室裡堵我，問我是否曾經愛撫過自己。

・某些我不大認識的人，沒有問過我就把他們陰莖的照片傳給我。
・當我和以前的男朋友見面，彼此交換近況聊得很不錯，但是出乎意料之外的，他往前傾要吻我，而我為了躲避他的嘴貼到我的臉頰，幾乎從椅子上掉下去。
・地鐵上的某個男人決定站得離我更近，這樣他才能窺看我的胸部。
・當我們的對話內容和性一點關係都沒有，卻有某個人重複問我有關性生活的問題。
・有人告訴我一個我不想打探的重大祕密。
・我和一群人在一起，有人決定告訴這群人我的故事，好像那是他的故事一樣。
・我被搔癢的時候。
・我被拉到某個人的大腿上。
・有人和我握手，然後把他的另一隻手放在我們交握的手上，感覺像是一個手打造成的監獄。
・我告訴某個人我需要空間以後，還是出現在我家。
・有人表現得好像是我的治療師，並且企圖診斷我。
・有人沒有先和我確認過，就理所當然地認定和我有關的事。
・有人看我的日記。

・有人看我的收件箱。
・有人未經請求就給我建議。
・有人告訴我他們認為我應該斷掉我的藥物。

發生真的、真的很糟糕的事

我即將告訴你的是這本書裡面最困難的部分，把它全部寫下來是為了提醒自己，即使架設了邊界的牢籠，自我保護可能也很有限。有時候人們會闖進來，他們強行進入，對你的傷害遠超乎你可能的想像。

在英格蘭和威爾斯每年有將近五十萬的成人遭受性侵害，它發生在我身上之後，我感到不安全和羞愧，覺得好像那是我的錯。慢慢地，我把自己修補起來，還不是完全的，因為有時候線仍然會散開，但我最終還是學會了再度信任別人。

從一開始，我被侵害的那個晚上就是在劫難逃。我那時二十六歲，剛分手，剛剛在酒吧外面試圖在自己的手臂上點火，我的皮膚上有膏藥，我的人生仍然有很多裂縫。我迫切地需要改變，雖然我是積極主動的，但也有事事不順的日子。

我剛參加了兩個工作面試，而且似乎都非常有希望，然而，兩個面試都在那天接連打給我，告訴我不符合資格；他們喜歡我，但是其他人比較合適。下午五點，我完全洩氣地跌坐在治療師的椅子裡，她也有一些她個人的消息，她懷孕了。因為許多複雜的因素，這次的懷孕可能會很辛苦，她必須停止工作。我跳起來恭喜她，但是她溫柔地輕推我回去坐下。

「你明白這對我們的面談所代表意義嗎？」

我緩慢地點頭，她準確地將它解釋為不明白。我不明白這對我們來說是個結束，我必須選擇一個新的治療師，我必須和別人又從頭開始，內心深處我也有被拒絕的感覺，像是她選擇了她的寶寶，而不是我。我應該要利用這個機會說出心裡的顧慮，但我卻只是聳了聳肩，並且說我替她感到高興。

我忽視了這個突如其來襲擊我胸腔的恐慌，我忽視了擔憂，我沒有任何地方可以宣洩這個恐慌。我已經依賴每周的面談，我會累積所有在腦袋裡盤旋的憂慮，每次見面的時候慢慢地把它們一點一滴地傾吐出來。我非常喜歡她，她很仁慈和溫暖，而且和我一樣在倫敦是異地人。但是她就要離開我了，幾個星期以後，我就再也見不到她了。

離開面談地點後，我抽了幾根菸，走到國家肖像館（National Portrait Gallery），我和一個幾年沒見的老朋友約在那裡碰面。我們在臉書上看到彼此都住在倫敦，因此決定碰面喝個飲料，那時候我正陷入好幾個約會的戲碼當中，認為和老朋友共聚一個下午可以輕鬆一下，會是安全、愉悅和有趣的，就像和堂兄弟見面一樣。

到博物館的途中，我認出了在我前方的男人，然後差一點被自己的腳絆倒。那是我的前男友，我衝到巷子裡，貼著牆壁轉角偷看他。那一定是他，一樣的頭髮，一樣的鞋子，站立的方式一樣的蠢。我不想打招呼，特別是不想讓他看見我和一個男性友人見面，我不想讓他以為我已經往前邁進了，不想給他另一個恨我的理由。

我稍微蹲低一點，繼續盯著他看，他在看他的手機，並且朝我這方向走過來。我心想「他媽的」，我轉開身，並且站得挺直。如果他撞見我，至少看起來不像是我在跟蹤他。我的心撲通撲通的跳，我感到緊張和噁心，我想要再點一根菸，但是我的雙手在顫抖。「站在這裡就好，」我想：「就站在這裡，並且冷靜。」我鼓足勇氣轉過身，準備打招呼。當他距離我一臂之遙時，我突然發現這個男人根本不是我的前任，他只是某個不認識的人。我全身鬆懈了下來，但覺得極度愚蠢，所有的腎上腺素都白費了。

我的朋友到了，我們擁抱，然後我告訴他我以為撞見前任的差勁故事。他帶我到一家酒吧，我迫不及待想喝一杯，好像在沙漠裡待了很久，最後終於看見水池一樣。那時我還不知道，我朋友在酒吧之後已經在蘇活區（Soho）一家高級餐廳訂了位，我以為這個晚上只會喝個幾杯，如此而已。我又點了杯大杯紅酒，心想「他媽的」，我過了糟糕的一天，我知道他還算有錢，而且大概會付晚餐的錢，我想要好好利用一下機會。

我在餐廳喝得更多，沒有投入我們的對話，正想著工作的狀況，我的前任，以及所有我計畫還要喝的飲料。有時候，我感覺有點沒跟上我和朋友的對話，他時而觸碰我的手腕，時而溫柔用手輕推我的膝蓋，有時候，他注視我的臉的時間過長，這讓我認為：「等一下，這已經不再是友善的見面了。」我越來越醉，不舒服的感覺被酒醉推到一旁。

晚餐之後我想要回家，但是他建議我們再去喝一杯，我在酒吧裡喝得更多，然後到了另一家酒吧，仍然是我喝得比較多。我的記憶從那時候開始就停住了，要回想起來，就好像盯著一桶黑油漆看，裡面什麼都沒有，什麼都看不見。

當我恢復意識時，感覺人在床上，我是躺平的，底下有床單，天花板是白色的，窗戶敞開，已經是早上了。我的下半身非常疼痛，我睜開眼睛，我朋友裸著身體，還用力地在我體內進出。我裡面完全是乾的，感覺比較不像是做愛，比較像是刮擦。我再度把眼睛閉上，昨晚的酒精讓我的胃劇痛，這件事不該發生，我不能讓這發生在我身上，我必須說不，必須發出聲音，但是我沒有辦法張開嘴巴。我緊閉眼睛，逃回自己的腦海裡，我認為如果我可以飄移離開身體，或許我的身體也可以消失不見。

當我覺得自己與下面那團被蠻幹的無生命肉體完全地分開後，發現我不是唯一在自己身體上方盤旋的人，我還有同伴。那裡有前一天我以為我看見的前任，他的媽媽，他的爸爸，他的姊姊，和他姊姊的先生，那裡有和前任分手的時候，我知道所有被我傷害過的人，我想像他們站在那裡歡呼這一幕，希望它對我造成傷害，告訴我活該，他們是希臘仇恨合唱團（Greek chorus of hate）。我知道他們之間並不會有人希望這種事發生在我身上，但在我的幻覺裡卻極為真實，感覺底下發生在我身體上的事情有了合理的理由。

當我以為是我朋友的男人終於停下來之後，他躺了下來，用滿是汗水的擁抱困住了我。我又回去了我的身體裡面，感覺得到他胸部粗硬的毛髮，聞得到他的汗水和晨起的口臭。我憎恨這些，我憎恨每一件事，卻依然無法動彈，我的頭腦和身體還沒有完全結合。

我溜出他的擁抱，走到浴室，朝著馬桶乾嘔，但是吐不出來，我想要潔淨那個遭透的夜晚，卻沒有辦法。他問我還好嗎，我說我要回去了，我想要小便，但是下面整個很疼痛，感覺像是有人硬塞了砂紙在我裡面。我穿上衣服，開啟腦袋自動導航的系統，我必須要回家，我得撐過去。

我記得走路到公車站，我記得非常努力要保持友善，我記得他擁抱我說再見，但我可以感覺得到嘔吐物又再度升起。我記得上了公車但是又下了公車，我也記得一家麥當勞，我記得盯著牆上的一些口香糖，我記得回到了公車上，我記得回到家，脫下衣服，用羽絨被把自己包裹起來。

我記得感覺發生了一些糟糕的事情，但是不太確定是什麼。

之後該做些什麼

在那個晚上之後，感覺像是有人把我身體裡面掏空了，如果你敲我的頭骨，可以聽見回音反射到腳趾頭：我是空的。我腦袋中控制日常事務的零件，像是食欲和疲累，全都糾纏在一起打成一個結，我不知道發生什麼事，我正在做什麼，或是我的感覺是什麼。

我一遍又一遍地告訴自己那個晚上的故事，甚至分享給幾個親近的朋友。我希望藉著強迫敘述那個模糊的夜晚，我可以把它轉換成有意義的事，一個我可以應付的事情，但是每一次我洩漏一丁點的資訊，或是讓故事聽起更真實，就更加令我難以置信。這真的發生過嗎？我確定這不是我的錯？我是喝酒的那個人嗎？我做了這件事嗎？

我希望會有一種指南或是問答，幫助我整理這一連串耗盡我心神的憂慮。你昏過去了？是的話請直接跳到第三題。會痛嗎？是的話去看全科醫生。沒有做保護措施嗎？是的話去看性健康診所。

經過一連串綜合的思考過程，花了我一段時間以及很多的跌跌撞撞，這些事實終於獲得了共識，我並沒有同意，這是性侵害，因為我沒有意識。我和一些曾在我醉倒時與我在一起的男人談過，他們說喝醉的我就像是一團在街上滾的果凍，全然沒知覺。我可能會含糊地吐出幾個奇怪的字，但是很清楚的，我欠缺條理，而且完全脫離現實。那個和我有性行為的男人違反了我的意志。

每個人遭受性暴力的經驗都不相同，所以很遺憾地，不可能有事件發生之後該怎麼做的計畫，但是如果你也經歷過這樣的事，我學習到的一些事情或許對你有幫助。

一、無論你在做什麼，都沒關係

沒有一體適用的反應，無論你發現自己正在爬牆壁，對著枕頭大吼，咒罵想要給你支持的人，這些都是可以接受的反應。我的很多反應在許久以後才漸漸出現，我發現自己猛烈攻擊在幫助我的人，我當時約會的對象對我很有耐心，然而當我們做愛以後，我會哭泣，並且用難聽的名字叫他，好像把所有的憤怒都發洩在他身上，而不是攻擊者。

我對於自己在那段時間的行為有極度的罪惡感，但是在和心理學家尼娜·伯羅斯博士

（Dr. Nina Burrowes）談過之後，我明白無論我必須要做什麼，我就是得做。你必須允許自己經歷過這段避免不了的情緒雲霄飛車，你越壓抑自己，雲霄飛車就越崎嶇不平。伯羅斯博士也和我分享一個很棒的建議，對我很受用：對你自己要有同情心，無論你在做什麼，這是你處理它的方式，你必須給自己放鬆的時機。

二、不要勉強自己做任何不想做的事

我很不情願面對對我做這件事的傢伙，但是我感到有種責任，要確認他永遠不會再傷害任何人。或許這也會給我一些了結的感覺？有很多關於受害者原諒侵犯者的談話節目，特別是美國的電視。實情是，我沒有原諒他或教育他的欲望，我主要的欲望是在接下來的人生避開這個人，我不想看見他，我不想和他說話。

如果我真的安排了會面，我想像自己走進一家咖啡店，我想像我會有多緊張，多麼作嘔，掌心會流多少汗。光是想像我的身體和他的身體在同一個房間，就會讓我的胃痙攣。呼吸相同的空氣，要是我聞得到他的味道怎麼辦？要是我當場解離怎麼辦？要是我躲進自己的內心深處，再也沒有回來怎麼辦？要是我喝醉了怎麼辦？要是我失控了怎麼辦？要是再度發生怎麼辦？

我告訴自己我以為的任務：面對這個男人的責任比我自己的幸福更重要。我責罵自己的軟弱和懶惰。但是儘管有這些負面的自言自語，我仍然沒有動力把他的電話號碼輸入我的手機。經過了一年的拉扯，掙扎於我覺得我必須做的事，以及我想做的事，終於，我把他的電話號碼刪除了。或許幾年內我將會準備好，會把那個號碼弄回來，但是現在我想要讓自己活下來。我不是懶惰，我主動積極地把自己的心理健康放在第一位，我放掉看不見的壓力，順其自然，服從自己的意願。

三、當你準備好的時候再告訴大家

要開始大聲地告訴別人發生什麼事並不容易，不只要考慮你自己的感覺，也要想想別人的感受：他們會相信我嗎？他們會怎麼想呢？他們會沒事嗎？

如果你想對某個人訴說你經歷過的事，要確定那是一個對的人。就像在那段時間對你自己有同情心很重要，你的腦袋裡對那個你打算和他分享故事的人，也必須有同情心。聽到你關心的人被侵犯，是令人震驚和難過的，如果你可以，給他們能夠反應的空間，不要害他們不知道該如何反應。不要懷有太多期待，如果你對某個人有特殊的需求，一開始就要告訴他們，例如：「我真的很希望你可以陪我一起到警察局。」或是「我只是很需要有人稍微陪我坐一下。」這樣他們就有依循的架構，而且會知道現在要給你支持。

我認為我最大的錯誤是，倉促告訴別人發生的事，卻不知道我想從他們那裡得到什麼。如果我說：「我要告訴你一件事，我真的不知道為什麼，我不知道我需要你做怎樣的反應，所以再給我一些時間。」或許會有幫助。然而我卻不假思索地說出我的故事，然後就宣布會話結束，我不想再說了。如果那個人的反應不是我想要的方式，我就會開始憤怒和不滿。但這是不公平的。

如果你是第一次聽到故事的人，我會說最重要的是，什麼都不要說，只要傾聽。要確認你讓你的朋友或親人感覺有安全感。

四、沒有期限

對於身體上的創傷，你可能會被告知需要休息，例如扭傷的腳踝一、兩個星期內就可以走路了。情緒上的療癒是一個較緩慢的過程，可能會覺得很漫長，而且有一部分會持續很久，而且其他時候可能會感到窒息和恐慌。最重要的是，要允許你自己呼吸，並找到自己的步調。我仍在面對發生在我身上的事，我依然會想起那件事，當我看到金髮、穿西裝的男人，那些情景就會閃過我的腦海。有一次我搭的夜間公車駛過事情發生的地方時，我還對著自己的後背包乾嘔。

就在你認為已經學會面對你的創傷時，你的步調極有可能會改變。有時候，你會覺得好像正在全速衝向復原。我參加了一個團體訓練課程，是有關如何注意社區裡家庭暴力的徵兆。對我來說，這好像是一種反擊。我感到得意，我將會幫助別人，至少我在嘗試。但在其他時候，我覺得充滿了恐懼和羞愧，像是倒退了一百萬步。

這種狀況的發生經常是反覆無常的。有一次我在看一個電視節目，妮可・基嫚（Nicole Kidman）扮演一個不斷被虐待的角色，不過一開始的狀況並不明朗，因為片子裡有影射到，部分的她是欣然接受虐待的。其中有一集，感覺好像在我的上方亮起一盞聚光燈，她的角色讓我產生共鳴，只是那是我所有經歷的極端版本。如果有人覺得基嫚的角色應該受到責備，那麼我呢？他們肯定也會有相同的看法。那個當下在床上吃多力多滋的我，立即情緒失控，必須尋求支柱。我離開家裡，從多力多滋轉換成轉角商店的兩瓶酒。

伯羅斯博士告訴我，受虐後的人生有點像哀悼，是某種必須學習與其共處的事情。這個過程並不容易，它與維持平衡，以及慢慢理解什麼是你比較自在的事有很大的關係。發生在你身上的事值得全世界的同情心，它不是一件容易度過的事情。那件事真的很糟糕，而且非常不公平，但很多人還是可以從創傷中完全恢復過來。

日子平順的時候，確實能幫我把事件納入我全部人生的脈絡裡，性侵害不能重新定義目前為止我所經歷過的一切，也不能定義將來的事。

五、你沒有做任何事的義務

被強暴後，你可能會覺得檢舉很重要，這麼做的動機很多，但事實是，檢舉性侵並不容易，你除了要應付創傷的壓力之外，還被期待要進行龐大的體力工作。司法部門期待你做所有的事。務必要確認，檢舉這個事件確實是你想做的事。如果你要控告對方，而且你知道過程本身會給你力量，那麼這就是一個好的對策。

如果可能，把你身邊挺你的良好支持網絡聚集起來，當一切變得難以承受時，你可能需要人們及時的鼓舞。

有些人檢舉了性侵案，並且得到良好的經驗。他們被傾聽，最後也證明他們的陳述屬實。然而，不是每個人都能得到希望的結果，這個過程令人身心俱疲，並且依你所在的國家而異。在英國，全國強姦受害者援助專線（National Rape Crisis helpline）是一個好的出發點；在美國的話，你應該查查強姦、虐待亂倫國家網絡（Rape, Abuse & Incest National Network, RAINN）。假如侵害是最近發生的，盡快到警察局，並且帶你信任的人一起。為了證據，你可能要接受檢查，包括採集口水、血液和尿液的樣本。也可能會照相，而且你可能會被鼓勵去做所有性傳染病的檢測。

在英國，皇家檢察署（Crown Prosecution Service）是決定是否有足夠的證據以進行起訴的單位，假如證據不足，他們會駁回，這並不是說他們不相信你，這是表示，在法律上，他們沒有足夠的證據來定罪。這幾乎不能給你什麼安慰，但非常重要的是，要記得，你已經盡了全力了。

六、自責是一個調適機制

我在對犯罪者的憤怒以及對自己的憤怒之間，不斷反覆，耗了很多時間。我告訴自己大概是我勾引他，我提醒自己我可以爛醉到什麼程度，甚至下了結論說，即使那是強姦，或許無論如何是我活該。

自責是持續不斷而令人筋疲力竭的，幫助我脫離它的一個想法是，自責是大腦應付這個狀況的方法。自責雖然會傷害你的自我價值感，但會讓你覺得你有某種控制力。自責給我一種我沒有的力量，同時也保護我和冷酷的真相隔離。那些麻木不仁的人將會忽視你的邊界，而你完全拿他們沒辦法。

在受害人和受虐兒童的案例中，經常可以看到自責的調適機制。兒童在成長過程中相信，他們應該為了虐待受到責怪，因為，和理應保護他們的人卻開始傷害他們這件事相比，這樣的想法稍微容易接受一點。否則，你年輕的腦袋要如何消化這樣的事呢？

七、社群可以帶來幫助

在我接受自己的心理問題過程當中，提供巨大幫助的是，和其他有類似經驗的人交談。同樣的狀況也適用在性侵害的經驗。在支持團體當中，你可以看見其他有相同包袱的人如何面對問題。看到別人的搏鬥經驗，你也許可以瞭解某些你正在掙扎的情緒的來龍去脈。創傷讓人感到不可思議的孤立，但和其他人在一起，可以消除你的羞恥感。在小組環境中，我覺得有一股力量從我的肚子中油然而生：「看看我們，我們正坐在這裡，雖然我們經歷了糟糕透頂的事，我們依然堅持著過著我們他媽的生活。」

八、解離令人恐懼，但並非不尋常

我稍後會談論比較多解離的問題，但我在這個事件之前和之後都經歷過嚴重的解離。在英國心理健康組織MIND網站上，將解離描述為「你感覺與周遭世界或你自己以某些方式失去連結的經驗」。

在創傷事件中，經常會發生解離。精神科醫生貝塞爾・范德寇（Bessel van der Kolk）在《心靈的傷，身體會記住》（The Body Keeps the Score）書中寫道：「解離是創傷的本質，無法招架的經驗會分離而變得不完整，因此與創傷相關的情緒、聲音、畫面、思想和身體的知覺，有了它們自己的生命。」

在創傷期間或之後，這些分裂會出現在任何時間點。我通常覺得沒有辦法知道觸發我的是什麼事情，即使是現在，已經是在過了那個晚上很久之後。我可能在酒吧吃星期天烤肉（Sunday roast），突然間，我的後腦變成了魔衣櫥，把我整個人吸了進去，但另一邊並不是納尼亞（Narnia），而是下過雪的無人之境。

雖然這些劇情很嚇人，但對我有幫助的是，把發生的事正常化，並且盡量不要對抗它。如果我能感覺到開始出現漂浮的感覺，我會嘗試帶著同情心對自己說：「有某些事情觸發了它，所以你覺得不安全，但要記得，自己是沒有問題的，你做得很好。」

我開始將自己解離的插曲看成是大腦正在嘗試統整我的經驗，開始把頭腦和身體看成一個整體，而不是兩個互相衝突的實體。它們想要共存，它們想要處理我所遭遇的事情，只是有時候它們會相互對抗。

停止想要替每件正在發生的事找出對策，對我也是有幫助的。我是那種每次一有什麼症狀，就要趕快上Google搜尋的人：「為我什麼我的眼睛在抽搐，我要怎麼做才能讓它停下來？」創傷之後，你的大腦完全粉粹，需要時間治癒，但不是每一件你所遭遇的事情都有解決方案，有時候你的大腦只是需要休息一下。當你扭傷腳踝的時候，身體就決定不讓你用腳踝走路。它會疼痛，因為它想要休息，這個疼痛是功能性的。相同的，我的解離也是功能性的，它告訴我要讓大腦休息，不要逼它，不要逼自己，一步一步慢慢來。

九、為了調適而做的每一件事，並不都是對你好的

身為一名自我傷害者，性侵之後的自我傷害，對我是有意義的，我的自我傷害起了功能性的作用。我這一生超過一半以上的時間，我都利用它做為調適機制，為什麼現在不用它呢？是的，它是不健康和有害的，但是現在並不是構思新計畫的時機，我必須求助我已經知道的辦法，必須要找一些慰藉的手段。

我找來的性關係，也不都是對自己好的；我也企圖藉由測試自己的底線，找回掌控力。或許有一部分的我想要知道，是否全天下的男人都是混蛋，於是我的身體就成為石蕊測試，如果我要他們停下來，他們就停下來，他們就是沒問題的。

十、心懷善意的人，仍然可能說錯話

除了應付你自己的感覺，萬一你想要告訴人們你的遭遇，你可能也必須應付他們的感受。許多最傷人的評語可能來自最愛你的人。人們不是故意說出暗指你是蕩婦來羞辱你或責怪你的話。即使只是一句簡單的「下次請小心一點」，也意味著一開始不知何故就是你的錯。

我認為，人們無論到哪裡都背負了自己的重擔，記住這一點是有幫助的。當你和他們分享一個故事，他們會透過自己的經驗來解釋它，而且有時候不是以恰當的方式來表達他們的反應。

有時候我害怕我的邊界是不可妥協的，我將永遠無法學會信任一個人，或是卸下我的防備，然後我會記起它們不是實體的東西。他們不是真的牆壁，如果你想要它們改變，而且你已經準備好的話，它們可以變得有彈性，也接受改變。你的邊界可以延伸和拉回到你覺得自在的地方，它們的存在是讓別人保持安全距離，但是它們允許你選擇讓誰進入這個你可能把其他人排除在外的空間。你是掌控的人，你可以隨時依你的意願改變心意，你的邊界屬於你自己。

周圍的世界
THE WORLD AROUND YOU

CHAPTER

10

當你丟了工作的時候

REMEMBER THIS WHEN YOU'RE LOSING YOUR JOB

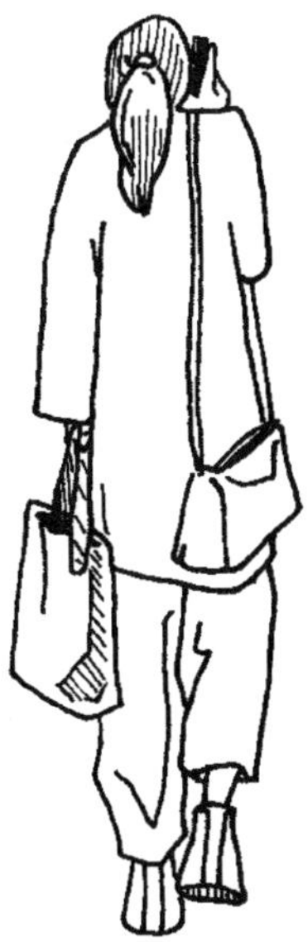

我很小的時候就知道，把每一件事鎖在自己心裡，藏在看不見的地方，這是個壞主意。當我被霸凌的時候，我會將所有的憤怒吞下肚，把自己關在房間裡，就只是坐在那。憤怒無處可去，我痛恨那些小孩，但我什麼行動都沒有，我把所有的怒氣累積在心裡，直到它開始抨擊我：「這是你的錯，他們是對的，你是蠢蛋，你是胖子。」

安靜的傾向和壓抑也出現在工作場合，當工作不斷堆積起來，但因為我每天坐在位子上，並且對每個經過的人微笑和打招呼，所以每個人都認為我沒問題。但實際上，那個早上我可能極端恐懼地醒來，我不想上班，我不認為我做得到，我不適合做這個，我嘗試把工作分割成幾個小部分，但是一到午餐時間，我可以聽見人們在交談，卻什麼都聽不進去。有個經理來看我，我說「我很好」，但同時間我覺得房間好像在旋轉，而且我很確定我經理的頭正緩慢飄離她的身體。事情真的很不好。

當我在BuzzFeed擔任社群媒體編輯的一個早晨，我到達了一個新的極限，壓力和疲憊程度到達了巔峰。我沒有請求幫助、打電話請病假、看醫生，或甚至起身撐過那一天，我的大腦和身體說：「夠了！」它們終於一起工作，但不是為了我的利益。

我醒了過來，很清楚的是：我不要去工作，我沒有辦法。我看不出有什麼意義。事實上，我看不出眨眼、呼吸或是思考的意義。全部都是沒有用的。

我躺在羽絨被上面，試圖用意志力讓自己死掉。因為過於虛脫無力，沒有辦法到外面去自殺，但是希望能有一個祕密的力量，讓我閉上眼睛，就能完全停止所有的一切。在那裡好像躺了幾分鐘，變成了幾個小時，我沒有移動，時間在我腦裡以慢動作在流逝，但是在現實世界裡，事情依然如常運作。我的經理自然是非常擔心，他們甚至打電話要警察到我的房子看看，我的家人和前男友們也接到了電話。在我躺在床上，試圖停止呼吸的時間裡，已經在我周遭引起全面和徹底的混亂。那天下午三點左右，我深吸一口氣，撐起上半身看我的手機，那時候已經太遲了，我不能去上班，我真的完全搞砸了。

你可以想像得到，後果並不大好。我沒有利用這個機會坦承一切，我選擇了老方法：安靜和粉飾太平，歸咎於食物中毒和過度疲累。沒有人相信我，我說了一個又一個的謊言來圓謊，造成比一開始更大的傷害。

當事態變嚴重並且惡化時，我告訴BuzzFeed的經理們，過去一個月來我一直有自殺的傾向，我自然是超級的苦惱。說話時，我沒有辦法不掉淚，皮膚發紅和起紅斑，雙手在顫抖。去找他們之前，我做了一份要說的話的清單，但是透過淚水，我沒有辦法看清楚。這樣想是容易的：「唉，我要是早一點告訴他們就好了。」但當時我是如此的深陷其中，事情正在發生，我覺得被困在裡面。他們告訴我可以早一點去用午餐，我趕緊照做了。我在蘇活區閒逛，希望找到一些能夠告訴我該怎麼做的事。我上班的大樓在背景裡變得模糊了，我還是必須回去，我點燃一根香菸，靠近我的皮膚，但在它接觸到皮膚之前停了下來。我不能再這樣做了，傷痕才剛癒合，才剛剛停止包紮繃帶，於是我的香菸懸在半空中。一群美容師來到外面準備抽菸休息，於是我走到比較安靜的地方，我沒有辦法停止思考如何傷害自己，街道上的每一樣東西看起來都像是我可以使用的道具：一片玻璃，我可以猛烈撞擊的窗戶，我可以跳到它前面的公車。我的大腦切換成了電動遊戲的模式，在尋找可以造成傷害的方法。

我深吸一口氣，讓大腦的另一個部分接管，那是一個比較柔軟的部分，比較溫和，它在照料我。我似乎仍然在電動遊戲的模式，不過完全是在一個不同的等級，已經不再是和傷害自己有關了，我需要尋求幫助，我需要到急診室。我傳了簡訊給辦公室，說我沒有辦法回去，然後去急診室。我用好像發自身體某個陌生部位的聲音說，我擔心我會傷害自己，以前因為自我傷害的傷口來過這裡，還有我不認為我在自己的公司裡面是安全的。

我感到我已經不再是自己了，只是一個中空的肉體，把自己交給其他人照料。他們照顧我，把我轉診到心理健康中心，而且在傍晚讓我出院。那裡沒有足夠的病床，我勉強說服他們我會沒事的，有朋友家可以讓我住宿，我隔天會去見諮商師，但是老實說，在那個時刻我已經太過於疲倦，不會去做任何自我破壞的事。

接下來的一周，我帶著巨大的羞愧回去上班，感謝一些知道我心理狀況的同事的支持，我最後決定說出真相。我一直以來過得不好，我沒有好好照顧自己，而且我的心理健康不穩定。我沒有被解雇，但是收到了正式的警告，不過最後是以好的結果收場。我的雇主們採取了一些步驟，不只是為了我，也是為了確認，其他人的心理狀況在辦公室會得到更好的支持。

我仍然保有工作，應該要覺得鬆了一口氣，不過我還是感到非常羞愧，去工作比以前更困難，我覺得被做了記號，我好像讓每一個人都失望了。然而，出乎我意料之外的是，一個比較資深的同事帶我出去午餐，他是個非常聰明以及有天分的作家和編輯，我一直很景仰他。他有深色頭髮和鬍鬚，永遠都帶著一支精緻的雨傘和一本書，我會偷偷記下來，以確保我也會閱讀它。我知道他為了患有躁鬱症的媒體工作者，有成立（並且持續在運作）一個支持團體。有一次在酒吧裡，我含糊地告訴過他我的狀況，我想他看穿了我避而不答的話語，開玩笑地說我可能需要幫助。在我消失了幾天回去上班之後，他問我是否有空。

我們去了一家在牛津圓環附近的韓國餐廳，有這麼資深的人願意與我一起午餐，我試著表現得快樂和感激。我想問他編輯過的一些專欄，生涯裡最精彩的事等等，我不想談我搞砸的事，我不想開展某種戲劇性的獨白，述說我把我的職業生涯弄得有多糟糕，但是我吃了一口泡菜，就把事情全盤托出。他傾聽，並且說了兩件我永遠不會忘記的事。

一、這只是一份工作。「是的，你搞砸了，」他說：「但它最終只是一份工作，你可以找一個新的。」我知道這似乎出奇的簡單，然而我的認同很大一部分與這個角色以及讓它運作結合在一起，沒有了它，我不知道我是誰。如果我被解聘了，我要怎麼付房租？我要怎麼吃飯？我還能做什麼工作？

二、你必須成為自己的支持者。「你必須是照顧自己的人，因為如果你不這麼做，沒有人會代替你。」

當你的心理疾病影響到日常生活，你不只必須應付它帶來的後果，還要處理善後，為自己辯護，告訴每個人這不是你的錯。當你需要支持的時候，你必須到外面去，尋求你需要的幫助，你必須打給好幾個心理健康服務中心，你必須為自己安排會面，如果他們完全約滿，不要放棄。打給別人，再試另一個中心，你必須持續下去，這很重要。我知道這一點，但有個部分的我正在等待別人來拯救我，某個人會突然衝進來，幫我打所有的電話，為我安排會面。但那個時候我疏離這麼多的人，真的就只有我自己一個人，我必須讓自己好起來。

那次午餐之後，我努力當一個更好的擁護者。如果憂鬱正在壓擠我的腦袋，工作需要請假一天，我會提出要求。如果我需要再去看全科醫生，增加舒憂膜衣錠的用量，我會打電話給他們，而且如果忙線中，我會再打一次。如果其他的心理評估無法做出結論，我會安排再做一次。重新安排是極度令人厭煩的事，但是我還是會做，我必須如此。

當你工作剛開始起步時，很難決定應該要透露多少心理狀況的資訊。考量工作市場混沌不明，我的底線一向是只要有一份工作，我都心存感激，最好別搞砸了。

然而心理健康不佳並不代表完蛋，身心障礙者法案（Disabilities Act）保障很多的狀況免於受到工作歧視。法案的目的不是要告訴你，你是不正常的或者是否適合加入團隊，而是當你害怕因為心理疾病而失去工作時，為你提供保障。

在工作場所為了心理疾病所做的調整，目前存在著一種社會性的失敗。在過去，雖然我因流感打電話請假不會有問題，但我還是有好幾次拖著憂鬱的身體去上班。但只有誠實面對自己的狀況，我才能讓工作保持更好的平衡。因此我列了一份需要工作配合我的清單，但並沒有太多。星期三我需要提早離開去做治療，如果我的焦慮症或是強迫症發作，有時候我需要在家工作。你的要求與理由越具體越好，例如，藥物治療可能會讓我感覺相當無力，所以比起九點到五點上班，十點到六點對我比較好，因此在一天開始之前，我可以保證我的大腦是警醒的。我曾經在一個大型的開放辦公室上班，那種地方連最理性的人也會有點焦慮，因此我喜歡擁有可以移到比較安靜的房間的自由（通常是空的會議室），這樣噪音才不會讓我的大腦高速亂轉。

有一些工作場所對這樣的要求比較容易接受。加入英國廣播公司（BBC）的時候，我覺得那些宣傳心理支持和專線以及談話對象的傳單和海報，實在棒呆了。這讓我去見自己的經理容易許多。我知道外面有一些老闆，我也曾經親身經歷過，他們會輕視你的狀況，讓你覺得你是公司的負擔，甚至可能直截了當拒絕給你任何你需要的方便措施。你可以簡單地說，老兄，辭職就好了！你不需要為那些人工作。但事實是，不是每個人都有特權，可以就這樣離開他們的工作，通常你必須坐在那，露齒微笑，忍耐下來，並且希望當你到家的時候還有足夠的精力，能夠向別家公司投工作申請書。

社會上已經有提供你支持的單位，無論是工會或是國家健康慈善機構，不要讓工作場所把你變得更淒慘，而且要利用既有的設施。你並不是一個麻煩。

什麼時候要把你的狀況告訴雇主，由你自己決定，但是依據我的經驗是越早越好。如果等到你已經出現某個狀況，或是面臨了危機，你可能沒有辦法隨心所欲地表達，事情可能就會變得情緒化和複雜。你的雇主也可能覺得被騙：「為什麼她以前沒有告訴過我們這件事？」

雖然你做了所有的預防措施，還是有極小的機會讓某件事爆發，並且隆隆作響，讓你無法在一場會議裡從頭坐到尾而不爆發。無論是你的心理狀況或是你的狀況，有時候你需要釋放出來。

這是我在辦公室暗地裡崩潰時的處理方法：

- 到外面去繞著建築物踏步走，不要帶外套，這樣可以感受到寒冷的空氣，然後迎著風大喊。
- 如果你哭了，不要道歉。你可以哭泣和情緒化，這沒有什麼不對。
- 到殘障廁所去（但是要確認沒有占用到真正有需要的人，因為那是令人厭惡的），用胎兒的姿勢躺在地板上，拿連帽上衣蓋住你的臉，假裝一下你是在別的地方。
- 朝空中快速揮拳，握緊拳頭，不斷地猛烈揮拳。
- 下班後安排做一些有趣的事，第二次爆發時，你就知道可以快速離開，去做一些更有趣的事。

- （偷偷）Google其他的工作，提醒自己不過就是一份工作，你可以再找一份新的，沒有關係。
- 回到你的座位，戴上耳機，播放〈我會活下去〉（I Will Survive），並且在那天接下來的時間回去做之前正在做的事。
- 隔天上班時打扮成他媽的皇后、穿上讓你感覺有權力的套裝等等。

CHAPTER

11

當你獨處的時候

REMEMBER THIS WHEN YOU'RE ALONE

當工作和廣大的世界變得難以招架時，我會獨處，這勝過任何人的陪伴。我將孤獨當作泡熱水浴，我愛它，我喜愛坐在裡面好幾個鐘頭，享受溫水包圍整個身體。唯一的問題是，身處其中時，無論我有多麼喜歡，有一個想法讓我很苦惱。泡澡是在燜煮自己的汙垢，孤獨就是你和你自己的汙垢，因為沒有其他人想進來。

孤獨有不同的形態，並不是占據一個沒有其他任何人在的空間那麼簡單，它有許多層次，而且很複雜。我可能一整個禮拜獨占房子，享受不修邊幅的舒適，不用收拾東西，還大聲唱歌，但到了某一個時刻，孤單會堆積得像一大疊髒盤子，堆得越來越高，直到塌下來，然後傷心的碎片就四處散落在我的房間裡。

有一些孤立的形式讓我感到不舒服，它們擁有不一樣的形態，更黑暗、更沉重，以及更有限制性。有一種自我強加的寂寞，通常是一種自我保護的形式，不論是分手或是摯愛的人過世，人們在遭逢失去後，比較容易經歷到。當你在哀傷中，似乎無法忍受與人接觸。於是你把自己放在親手打造的隔離牢房中。這樣感覺起來比較容易，因為外在的世界以不同的步調在運作，他們並未經歷你所經歷的事，他們根本不知道你的感覺。無論有多少人對你伸出援手，你還是只能心痛地獨自一人。你無法像遞香菸一樣把哀傷傳出去，這必須由你自己度過。

給自己空間是很重要的，同時也要允許自己再度快樂起來，因為以寂寞作為自我懲罰的形式是危險的。你封閉了自己。當我還是學生的時候，我在公寓裡自我放逐，遠離學生會、酒吧和社會，因為我不認為會有任何人喜歡我。他們為什麼要？我無趣、沉默寡言、沒有生氣，我為什麼要讓其他人承受這些？我深深地躲到自我放逐裡面，以至於當真正的友誼的希望閃現時，我卻沒有做任何的努力。和進一步採取行動，真正的冒險嘗試相比，屈服於那個聲音並且同意：「是的，反正他們大概會討厭我。」容易多了。

和某個人交朋友也讓我有必須遵守合約的焦慮感。萬一他們一直想見面怎麼辦？萬一他們要我去夜總會或是用毒品怎麼辦？萬一他們要我過夜怎麼辦？萬一我沒有辦法符合他們的期待怎麼辦？萬一他們從不讓我獨處怎麼辦？你心裡如此的自我糾結，像友誼這麼一件簡單的事似乎就變成一個糟糕的想法，這是相當令人挫折的。為什麼要花功夫？回床上去就好了，在那裡事情容易多了。

憂鬱和焦慮經常會帶來寂寞，它將你囚禁起來，你被層層包圍，而且無處可去。這種寂寞從來不是難以捉摸或是消極的，它會猛然咬住你，對你狂吠，無論你走到哪裡，都大聲地咀嚼你的腳。即使你是在一群人當中，或是被關心你的人所包圍，你依然覺得完全與人隔絕。對我而言，那種感覺是如此地發自內心深處，我真的覺得自己好像占據比較少的空間，並慢慢地消失，而其他人彼此之間的連結似乎是在嘲笑我的人生有多麼的空洞。在地鐵聽見青少女閒聊時，我感到忌妒，看見調酒師在交班前分享笑話，我希望自己也能參與其中，為什麼我沒有擁有那些？為什麼我和任何人都沒有連結？

我在成長過程中體驗到另一種寂寞，而且源自於我一些最有意義的關係，都是發生在網路上。十四歲時，我躲避真正的朋友，轉向在論壇上找朋友。自我毀滅傾向的人經常聚集在那裡，分享生活的細節（後面將再說明這些論壇）。

對我來說，這些友誼和多樣化的血肉之軀一樣真實，我們分享人生中親密的細節，我們吃了什麼，聽什麼音樂，那天被誰惹毛了，我們分享歌詞和詩，並且在能力所及的範圍，提供幫助和建議。對我來說，這些關係為我的生活增添了不存在的元素，也就是可以互相報平安的人。然而，它剝奪了我在真實世界建立這些連結的機會，例如學校，我不斷地跑回家，在電腦上與大我十歲、居住在遙遠地方的女人聊天，因此我的社交技巧退化了。如果等不及，我還會在午餐的時候跑到圖書館，登入那裡的電腦。

我後來不再擁有這些網路上的友誼了，二十歲的時候，我刪除了論壇的帳號。網路友誼的吸引力未曾減少，而且對我建立電腦螢幕以外的人生更形重要。論壇給我脫離現實的藉口。我從來不會和一大群朋友在一起，但是我生命中有很棒的人，我樂意和他們一對一見面，和他們分享事情，我信任他們，而且他們幫助我成長為更好的人。

對我而言，寂寞需要一個平衡的行為，它不全然是厄運或陰暗的。身為一個內向的人，我迫切需要一個可以讓我的腦袋天馬行空的空間，我喜愛大聲地思考，我喜愛大聲地說話，我喜愛不需要和任何人溝通。讓孤獨維持在一個讓我感到舒服的程度是，當我知道我想要回到「真實的世界」時，我可以選擇與某個人往來，無論是用電話或是面對面。我的寂寞沒有將我吞噬，它有截止日期，電話的另一頭有某個人在。

我最佳的孤獨形態需要事先稍微準備，最好我的房間是整齊的，屋裡必須有足夠的咖啡，把妝完全卸掉，床單是剛洗好、乾淨的。我不要穿著沾到番茄醬的睡衣，在硬的羽絨被裡打滾，我把自己包裹得像新生嬰兒，感覺每一樣東西都是乾淨和新的，而且完全是我自己所獨享。

我也喜歡確實知道，在獨自一人時要做什麼。這不是像非洲沙漠一樣在我面前展開，我可以想像我要做什麼，要讀什麼和聽什麼。這些活動可以是沒有生產性的，也許包括尋找和追蹤新的黃金獵犬IG帳號，或是製作一份當我變富有的時候，我想買的鞋子的表格。當我獨處的時候，我試著不要論斷自己。

我會確認有足夠的食物和飲料，而且四周沒有自我傷害的工具。重要的是，要確認我的孤獨不會變成自我毀滅的行為，就像以前我父母周末離家不在時一樣，我會利用那段時間，像個邪惡的教授，拿自己的身體做實驗，想看看我可以多久不吃東西，或是能夠喝多少龐貝琴酒而不會嘔吐。

現在當我面前出現一段獨處的時間，那個誘惑我自我毀滅的細語仍然會爬進來。當我的室友說他們要出城，或是我男朋友晚上有別的計畫，我第一個直覺是：「你可以放縱地抽菸，你可以割你自己，你至少可以喝兩瓶葡萄酒。」我必須控制這些衝動，我不能利用這段時間來「逃避」任何事物。我的敵人不是別人，我的敵人是我自己。我每天都還在證明我可以照顧自己。因此我可以用獨處的機會，讓自己健康和快樂，而不是悲慘和隱遁的。

我不會在獨自一人的時候冥想，但是會從事我感覺像是冥想的活動：塗鴉，在剪貼簿貼東西、整理書本、規畫徒步旅行，使用我的類比式攝影機。由於我的內向，我發現我必須遠離其他人來讓我的電池充電。在聖誕節或是其他忙碌的社交場合之後，會需要一個「我的一天」，除了自己以外，不需要和任何人溝通。我可以感覺到泡沫潔淨大腦，沖走不斷被人群圍繞所帶來的壓力，我感到放鬆，關節變柔軟，肌肉痠痛減輕，我正在重生。

獨處的時候，我擁有建構自己思想的空間，好像在重新組合一堆倒塌的疊疊樂，它讓我與自己的身體和大腦重新結合，並且重新調整回到我的「直覺」。當我在一個團體裡，我經常淪為取悅別人的那種人，追隨其他人想做的任何事。我對此並不會特別介意，這只是表示，自己的直覺受到更進一步的壓抑，直到我真的完全聽不到為止。

獨處強迫我聆聽自己的心靈和身體，它強迫我停下來，並且檢視自己，除了我，沒有其他要取悅的人。

獨自在家是一回事，行進中的獨處是另外一種。就是當你人在外面，快到或正在抵達某個地方的途中。這時候，並沒有乾淨的床單可以把自己包裹起來，但我一樣享受。我喜歡沒有清楚目標的獨自閒逛，朝沒有截止時間的最終目標前進，可能是一座公園或是一個展覽。當我這麼做的時候，我試著用比較慢的步伐走路，而不是趕去上班的快速小跑，而且我的包包還沿路胡亂擺盪。

當你在獨自一人也覺得舒服的地方，我強烈推薦你來一場與自己的約會。這是人們不斷在女性雜誌上推薦的事，讓人覺得有點老掉牙，但是我真的很推薦。電影院是容易做到的，你可以躲在黑暗裡。一頓精緻的餐點就比較難處理，但是一樣令人滿足。在餐廳裡，我享受自己的陪伴，我喜歡想事情，慢慢地，毫不匆忙地。我喜歡只為自己點餐，我喜歡不用為了聊天想話題，我喜歡不必為了萬一有人伸手拿手機而擔心。我的社交妥瑞症（social tics）和壓力靜默下來，我在那裡是為了自己，和自己一起，那裡沒有壓力。

我帶自己去很多不同的地方：麥當勞、精緻的法國餐廳、路邊小餐館、加油站的咖啡館、大都會酒吧、以火星為主題的運動酒吧、海外的荷蘭酒吧。老實說，大部分都是酒吧。

不管你是否像我一樣，喜歡在麥當勞有個很棒的約會，或者你想的是比較高檔一點的地方，以下是一些你可能會覺得有用的事：

- 不要擔心有人會盯著你看。整體來說，人們都非常全神貫注在自己的生活，不會注意到別人。即使是我看到有人獨自在吃東西，我從來不會認為他們很差勁或是可悲的，要說有什麼的話，我其實是羨慕的。
- 如果你還是擔心被看見的話，你可以到角落的桌子，而不是砰地坐在房間的中央。我喜歡坐在窗邊，這樣可以看外面的世界，而不會覺得太封閉。
- 帶本書或是報紙，或是別種形式的娛樂。同桌的人沒有人說你很無禮。有一次我在披薩快遞（Pizza Express）看見一個男人自己用餐，輕鬆地搭配一杯紅酒、一些麵包球，還有筆電上的《火線重案組》（The Wire）影集。射門得分。
- 帶本筆記本。當我獨自用餐時，我喜歡寫筆記，不是什麼超級有深度的亞里斯多德式的觀察，可能是對人們的輕描淡寫，或是以後要寫的一些詩或者短篇故事的題材。

給自己坐下來的空間，享受別人發揮創意做的食物，是很美好的。

・隨心所欲地偷聽，這可能是獨自用餐最棒的好處：聽別人的對話。你可能聽到一場尷尬的第一次約會，同事對老闆說三道四，或是兩個老朋友吵架後的賠罪。

・偷聽之後你可以盡興觀看人們。在我的家鄉荷蘭，生活全都是在露臺，大部分的酒吧和餐廳都有戶外的用餐區，椅子都面向街道，你們全都注視同一個方向。如果可以，選擇露臺，在那裡坐上幾個鐘頭。

・注意你吃的東西。點味道豐富的東西：濃郁的義大利麵醬、苦味咖啡、柔順的紅酒。讓原料在舌頭上轉動，用牙齒咬下去，品味犒賞自己的食物。

・不用覺得你必須和任何人聊天。對我來說，英國酒吧最棒的就是調酒師很少和人攀談，他們頂多問我在閱讀什麼，或是要不要再來一杯。我自己去紐約的時候，我經常帶本書坐在吧檯，然而調酒師卻聊個不停，其中有一些長得瀟灑迷人，講的故事也相當有趣，但其他人則會對我灌輸他們夢想的足球聯盟，或是評論我挑選的飲料。如果有人跟我說話，而我又沒有心情，我已經學會非常地冷酷無情，埋頭繼續鑽研你的書本完全不會有問題。我大部分的人生已經過度地有禮貌，是放掉一些顧忌的時候了。如果你在我正在看書的時候告訴我，我挑的白酒不夠細緻，那麼你可以滾開。

・如果你對於自己到外面餐廳還感到不自在，就從一些比較小的活動開始，然後以它們為基礎，進一步離開家遠一點和久一點，最後，當你準備好的時候，來一趟冒險。

有一次我的心理狀態很不穩定，瀕臨「休士頓，我們有麻煩了」[5]的邊緣，我決定讓自己離開倫敦。我找到一張非常便宜的歐洲之星車票，以及在愛彼迎（Airbnb）網站上找到的一間緊鄰巴黎佩爾拉雪茲公墓（Père Lachaise）的小套房，一晚二十歐元。很可惜，我選的時機不大好，那班從倫敦到巴黎的歐洲之星在脫歐（Brexit）公投的隔天早晨出發，我整晚熬夜在看《衛報》（Guardian）部落格的即時更新，腦袋裡從沒想過脫離的選票會占大多數的可能性。當結果宣布的那一刻，我感到胃部往下沉，但是我沒有時間絕望，我一小時內就要趕到聖潘克拉斯（St Pancras）搭車。

這應該是一個章節的開始，一個新的我，我卻感到虛脫。我在五年前來到英國念書和生活，我已經將自己融入康沃爾（Cornish）餡餅、倫敦東區人，還有把餅乾浸泡在茶裡的生活，可是我選擇定居的國家已經不要我了，英國要和我分手了。在理性上，我知道我不能認為它是針對我個人的，我不應該把它當作全都跟我有關，但是在底部支撐我的支柱已經被踢開了。我失去了愛情、友誼和工作，但是至少我感覺好像生活在一個是我的家園的國家。我反覆在推特上一則一則尋找認同我感受的推文，但是這好像是在嘗試抓我永遠碰不到的癢處，我想和某個人說話，分享我的情緒，可是歐洲之星的其餘乘客閒聊公投的感覺，好像這是發生在其他地方的某件事。我無精打采地坐在位子上，試著入睡。

當我們經過布魯塞爾，一個英俊的男子在我旁邊空位坐下，他的眼睛淡褐色、，有能夠與他共築家園的強壯臂膀。我曾經如此渴望，這趟旅行最後能像《愛在黎明破曉時》（Before Sunrise）一樣，我是迷人而好學的年輕女性，在電車上遇見一個知性迷人的男人，我們在歐洲城市展開旋風式的旅程（或者以我的例子是，我們就只是去巴黎）。我電車上的芳鄰將會是我的李察・林克雷特（Richard Linklater）三部曲的入場券。我是如此的渴望，我坐直了身子，確認嘴角沒有凝結的口水。我的伊森・霍克（Ethan Hawke）對著我微笑，我的心臟激烈跳動，它就快成真了。然後他彎身從背包拿出一份報紙，斗大的脫歐標題迎面而來，我的熱情當場熄滅。有什麼意義呢？世界正在分裂，我沉默地宣布，今天要跳過戀情。

我又睡著了，在巴黎醒了過來。我走出北站（Gare du Nord），因為疲累而神智不清，並且開始對自己感到惱怒，我發現忘記買襪子或是除臭劑了。我的電話拒絕和任何區域的

5 一九九五年電影《阿波羅13號》的經典臺詞。這是在阿波羅13號發生狀況時，男主角回報休士頓指揮中心的話。

Wi-Fi連上線，而我沒有錢買更多的流量，沒有辦法知道要怎麼去我訂的房間，因為我沒有把地址寫下來。

我試了三家不同的咖啡店，就在我認為應該放棄回去英國時，我的電話連上了一個Wi-Fi網路。我坐下來，點了兩杯卡布奇諾，同時找出愛彼迎網站的資訊，我離套房並不遠，還不錯，「你辦到了，」我告訴自己，像個不情願的啦啦隊，「你可以獨自旅行。」

房東把鑰匙放在地墊下面，我自己進去他的小公寓，空間很狹小，但是有每樣你需要的東西：爐子、浴室、桌子、椅子和一張折疊床。沒有見到房東，我有點失望，這讓我覺得好像是他住處的鬼魂。在接下來的三天完全不和任何人說話之前，我想要和某個人對話。

我著手搞定折疊床，並且享受了一個短暫的補眠。我醒過來，記起我人在巴黎，不能就這樣白白浪費，我跳上往蒙馬特（Montmartre）的地鐵，四處閒逛，尋找人不會太多的咖啡店。我喝了三杯卡布奇諾，並且在外面抽菸，直到我覺得夠清醒可以繼續走路。我到了聖心堂（Sacre Coeur），一個疲憊的父親帶著三個小孩，像扛著幾袋馬鈴薯一樣，他問我是否值得買票進去：「裡面有什麼好看的嗎？」我騙他說沒有，因為我覺得他和他的小孩都需要休息。

回去套房的路上，我發現一家朋友推薦的餐廳，但是對我來說，一個人在裡面用餐看起來太時髦。在那個時候，我對於單獨用餐並不像現在一樣自在，每個人看起來都穿著體面和引人注目，並且全神貫注聆聽對方說話。我走進隔壁似乎比較不那麼時尚但舒適一點的餐廳，點了一份沙拉，因為那是菜單上我唯一認得的東西。

我很快就明白讓獨自在國外用餐更奇怪的是什麼事：你沒有辦法偷聽任何人說話。你就像在一個泡泡裡面，和環繞在周遭的人沒有任何語言的連結。我放棄要聽懂法語的嘗試，專注在我的書本上，同時把沙拉的蔬菜葉子塞進嘴裡。

我走了一個半小時回到套房，途中買了葡萄酒、更多的香菸和三個健達奇趣蛋（kinder eggs）。我在路上喝掉大半的酒，倒在小小的沙發床時把剩餘的都喝光，我感覺很好，卻是空虛的，眼淚開始出現在我新的孤獨裡，而這才剛過了一天。

我打開筆記型電腦，滑動臉書，但是微醉的視線看不進去任何字。在螢幕的角落，我看見我的前任在線上，綠色小圓點洩露了他的行蹤。我們已經分手一個月，彼此只有談過公寓的情況，以及誰該負責最後一個月的房租。那是個混亂和拐彎抹角的爭吵，這代表沒有空間讓我們真的去詢問對方是否還好，只有公事。

在肚子裡滿是超級市場買來的酒的鼓勵下，我打了「嗨」，然後等待。臉書告訴我他正在打字回覆，但是對話框裡沒有出現任何字。「他正在思考，這很好！」我天真地這麼想。

「很抱歉如果現在時機不對，只是想看看你過得好不好？」在他放棄打字並且永遠失去他之前，我倉促地打字。他說他過得很好，然後回問一樣的問題。我回答：「我很好，人在巴黎，只想逃開一切。」他回答：「請照顧自己。」聽起來比較像是命令，而不是同情的象徵。他知道我掙扎於自我傷害，也想像得到我們都狀況不好，因此知道我獨自一個人在另一個國家會感到不安。我也強烈感受到他想要結束這個對話，但是我喝得太醉和過於情急而停不下來，我沒有讓那個夜晚就此結束，反而在小小的對話框裡傾吐最近發生的事：「嗨，嗯，這麼說好像很奇怪，不過我們又不是再也不會見面。很多醫生認為我可能是躁鬱症。」

一片靜默，然後：「唉，好的，哇。」

我又更進一步，解釋我們的關係走到最後時，我不穩定的行為可能不光是因為我是令人厭煩的，我大腦的化學物質可能有一些接錯線。或許有什麼是可以拯救的？或許我們的關係還可以挽回？

下面一大串訊息讀起來彷彿是拿麵條往牆上扔，希望有一些會沾黏在牆上。我迫切地想要留住他，我不能讓他離開，即使事實上他的回覆只是克制情感的一個字。終於，他說他必須離開了，我在登出前說：「我不想造成你的不便，你應該去過自己的生活。」

我猛地闔上筆記型電腦，盯著眼前一小塊發霉的地方，它的形狀看起來好像是我的臉。

我怎麼會變得這麼可悲？對我的前任來說，我是個討人厭的人，我惹惱了他，我拿自己心理健康的問題去打擾他，只是因為我沒有其他可以說話的人，不代表我必須強迫他當承受的對象。我搞砸了，我熱淚盈眶，寂寞爬了進來，伴隨著強烈的挫敗感。我讓一個我感到最安全的人討厭我，而現在我在一個沒有人在乎的廚房／客廳／方形箱子裡面哭泣，多麼浪費時間和金錢。

我的自憐自艾終於伴我入睡。醒來的時候，我的頭抽痛，眼睛刺痛，而且失敗對話的沉重感，像雪崩一樣朝我襲擊過來。我想：「我辦不到，今天到外面去實在太艱難了。」我覺得自己配不上巴黎，它是如此的美麗，而身在其中的我，卻是宿醉、難聞和哀傷的。我閉上眼睛，希望快速打個盹之後會感覺好些，但是當我睜開眼睛時，已經又睡了七個小時。他媽的，我根本浪費了整整一天。

我的手機閃爍，我妹妹寄來我們最喜歡的法國演員路易・卡瑞（Louis Garrel）的照片，附帶問我是否已經遇到英俊的法國男人。我告訴她我過得不好，我嚴重地睡過頭，而且很愚蠢地酒醉時和前任在臉書通訊，完全搞砸了。她回說：「不！」接著說：「給我你的地址。」她火速傳過來三間位於我這個區的酒吧，說我應該要去看看。我不想去，但是她全部用大寫打字的突襲卻怪異地令人產生動機。

畢竟，她是對的，這一天還剩下一些時間，不然我要做些什麼呢？我清洗了臉頰上睫毛膏的痕跡，選了一家最近的酒吧就出門了。

以我的喜好來說，這家酒吧有點過於時尚和時髦，我輕聲咒罵我妹妹強迫我來這裡，一邊挑了一張吧檯椅。有個無可挑剔地迷人的女人，也獨自坐在吧檯，看起來就像是法國版《慾望城市》（Sex and the City）裡面的人。我低頭看自己的連帽外套、平價百貨公司Primark的洋裝，以及骯髒的運動鞋，責備自己沒有花更多的心思。一個穿粗花呢套裝的英俊男人向她走過去，他們一起到餐桌坐下，熱情地接吻，我覺得好像失去了一個同志，雖然她遠比我還要優秀。現在我是唯一單獨一人的女性了，我把書本拿出來，點了杯蘋果卡布奇諾馬丁尼，專心在書頁上面的字。我是如此全神貫注在故事裡，當我再度抬頭時，我已經在那裡整整一個小時，而且不會感到太奇怪。我做得還不錯。

走路回家時，我覺得很有成就感，睡了一會兒，而且沒有送出更多喝醉酒的臉書訊息。第二天早上，我更新了Spotify的播放清單，決定到外面沒有目標地到處閒逛，我不停地走路，一小時大約只看一次Google地圖。我照相，吃了一個可頌，跟著我耳機裡的費歐娜·艾波（Fiona Apple）唱歌，感覺好像是電影裡轉場的畫面：劇情沒有進展，我只是單純的存在而已。

我的腿開始痠痛，我弄清楚回家的路線，經過有名的佩爾拉雪茲公墓。我以前來過，所以要找到奧斯卡・王爾德（Oscar Wilde）或是吉姆・莫里森（Jim Morrison）的墓碑，並不會讓我焦慮不安，現在是幾個月以來感到最放鬆和活在當下的時候。我已經不再發狂似地追求連結，我不再感到寂寞，我覺得平靜，讓身體隨它想要去的方向前進。

回到英國的時候，依然有很多糟糕的事情要面對，脫歐就是其中之一，但是我還是維持這個剛學會的新的走路方式。漫無目標的走路帶我發現倫敦漂亮的地方：沼澤、山丘、隱密場所和薰衣草原野，而且我還去了更遠的地方，到哈斯汀（Hastings）和艾塞克斯（Essex）徒步旅行，還帶自己到南邊海岸浪漫的海灘散步。我意識到我並不是一個不好的同伴，我是沒問題的，而且我越能夠放手，我越是一個好的旅遊夥伴。我學到停止從其他地方尋求連結，要開始嘗試將自己內部不完整的部分連結起來。

以下是我在短程單獨旅行所學到的：

- 找到你的旅行形態，並且執行它。不論我是單獨旅行或是和別人一起，我喜歡訂定行程表，我喜歡事先做研究，為即將看到的一些東西感到興奮。我的舊室友維吉妮是熱衷於單獨旅行的人，但是她的風格完全不一樣，她會確認打包了足夠的衣服，有足夠的外幣，以及抵達的那一天有住宿，也會買一本旅遊指南，但是直到上了前往目的地的飛機才會打開。這就是她旅行的方式，而且進行得很順利，她去過尼泊爾、緬甸和墨西哥，她喜歡驚喜和讓自發的好奇心帶領自己。這是我最喜歡她的地方，但這絕對不是我的風格。

- 找出什麼是旅行給你的壓力，並且事先計畫。搞清楚簽證、買旅行保險，弄張實體的地圖，萬一你像我一樣，而且手機又一直掛掉的話。
- 不要害怕靠近別人。如果你需要問路，或是想要詢問吃東西的好地方，張開嘴巴開始交談，假如你緊張的話，從小地方開始：可能是詢問接待員最近的提款機在哪裡，或是問你的房東吃早餐最棒的地方在哪裡。
- 如果你想要單獨一個人，但又不是完全地獨處，住青年旅館、家庭旅館或是社區經營的住宿，可以遇到其他單獨旅行的人。你甚至可以和旅行社的小團體一起旅行，它給你交朋友的選擇性。
- 你規畫要去的地區有很多臉書社團和線上社交圈子以參加，可以幫助你瞭解到了那邊要做些什麼（或甚至是計畫見面和交朋友）。
- 定期和家鄉的朋友聊近況，讓他們知道你還活著，而且知道有人在關心你是令人寬慰的。如果你的朋友和家人容易擔心你，連繫要固定在預先排好的時間，例如每隔一天的下午七點，那麼你就不會在不同的時區還要忙亂地找出合適的時間，或者是當你在山頂上時得讓手機接通。

- 這聽起來可能有點幼稚，但是對很多人是有用的，假如你要獨自出發去某個地方，而發現自己有一點緊張，開始用「我們」對自己說話可能是有幫助的。另一個人可以是個看不見的夥伴，一個朋友，或者就是另一個你，利用想像的「我們」，讓你有隨行同伴的感覺和安全感，我經常在「我們」和「你」之間變化，從另一個我衍生而來的「你」在鼓舞真正的我。所以當我以為要錯過從巴黎回來的電車，但是終於趕上的時候，我說（甚至是大聲的）：「做得好，你辦到了！」
- 不要覺得你必須答應每一件事。即使你在著手進行屬於你自己版本的《享受吧！一個人的旅行》（Eat Pray Love），熱切地想要體驗每一件事，但你不需要自發性地變成隨時都有行程。你可以拒絕一些事情，如果你想打個盹，就睡吧，如果你想要去麥當勞，而不是超級本土的街頭小吃咖啡店，你也可以這麼做。不要對自己施加壓力，信任你的直覺，聽從你內在的感覺：什麼是你真正想要做的？

CHAPTER

12

當你上網的時候

REMEMBER THIS WHEN YOU'RE ONLINE

不用真的離開床鋪，但又能去旅行和探索的方法，就是登入你的電腦。你可以在網路上看到風景和不同的人，並且聽見聲音，容易感受到社群意識（sense of community）。網路是個能夠找到支持樞紐的地方，有出色的人提供厲害的建議，但也是自我厭惡、音量大的酸民（trolls）和自我毀滅俱樂部的溫床。

現在長大的年輕人，無論走到哪裡都被網路覆蓋，我並不羨慕他們。我在學校被欺負的時候，會躲在體育館廁所和樓梯底下，逃避反覆的語言霸凌。最好的脫逃方式是又到了回家時間的時候，不會再有話語的入侵、戳弄和絆倒，躲在我房裡的時候不會再被抓到。現在有了社群媒體後，霸凌永遠不會終止，你回到家，登入網路，它一遍又一遍地開始。大家都有照片和影片，不可能有安全感。

即使不需要面對霸凌，網路還充斥著內容令人不舒服的傻瓜陷阱，有文章、影片和畫面請求你按下滑鼠。即使是一篇不是刻意要對你造成任何傷害的文章，光是閱讀到自我傷害或是看見疤痕，都可能會點燃你內在的衝動。小報上暴食症康復的例子總是會對我產生影響，報導重點從來都不是那個人現在有多健康，而是他們的病曾經有多嚴重。他們在顯著的地方放上骨頭和餵食管的照片，意圖讓你感到震驚。這和被報導的人的健康比較無關，比較像是在引起讀者對身體恐慌的想像。

我上網必須格外小心，因為每隔幾天我就會墜入YouTube的洞穴裡，必須傳簡訊給男朋友，要他來拯救我，通常是把手機從我手上拿走。最近，在過了倒楣的一天後，我到了酒吧，開始在YouTube上探索了三個小時的曼森（Manson）[6]謀殺案影片。酒吧越來越暗，我對周遭的環境變得比較沒有意識，在一段影片結束後隨即點播下一段，我越來越沮喪，受害者、被邪教灌輸信仰的年輕女性，即使是童年時代被強暴和虐待的查理斯·曼森（Charles Manson），都讓我感到震驚。

終於到了該離開酒吧的時候，我筋疲力竭，像個僵屍一樣，眼睛因為過度專注緊繃而抽痛。這樣的狀況不是只有一次而已，網路感覺是無止境的，一旦開始閱讀讓人憂鬱的題材，即使它令我心煩意亂，我還是會持續看下去。即使在顯著的地方橫跨了很大的警語，我還是會點下去，只是想看看到底是什麼。我會想：「不可能有那麼糟糕吧？」結果總是很糟。

我即使戴著手套不能上網，還是可以辨識出我知道會在心裡上對我造成傷害的地方，網路世界很遼闊，但有一小塊我知道是應該要避開的地方。

6 以查理斯·曼森為領袖的邪教組織曼森家族（Manson Family），曾犯下多起謀殺案。

支持厭食症團體

在網路上有個黑暗、類似邪教的角落，以往大多聚在寫作社群LiveJournal和網誌託管服務網站Xanga，吸引全世界想讓自己挨餓的人。

討論飲食失調症的人使用支持厭食症（pro-ana，亦即pro-anorexia）和支持暴食症（pro-mia，亦即pro-bulimia）這些詞彙，好像它們是一種生活形態的選擇，而不是有缺陷的精神障礙。支持厭食症團體的會員交換消息、「瘦身戒律」，以及「瘦身靈感」，來激勵彼此繼續節食、狂吃和嘔瀉。

我十三歲時第一次加入支持厭食症社群。我被分派到撰寫媒體裡面關於飲食失調症和女性代表的任務，很巧的，我也被分配了一個戲劇的任務，要創作五分鐘有關暴食症的劇本。為這些計畫進行研究的時候，我讀到一篇文章在譴責LiveJournal和Xanga裡面的支持厭食症團體，它說這些論壇對年輕女性是一種威脅，需要被關閉。我從來沒有聽過支持厭食症，便決定停下閱讀，親自來體驗它。我設了一個帳號，用了一個假名，然後潛行進入。

回頭看我自己在LiveJournal的詞條，感覺不像是我。我嘗試複製支持厭食症的心態，擁有它，最終採用它，我真的做到了。支持厭食症的女人是焦慮、憤怒和沒有安全感的，我在其中找到寬慰，這就是我內在所感受到的，而且以前我甚至厭惡自己的身體。

參加他們的挑戰給我一種有目的性和掌控的感覺。有個團體會訂定一天攝取卡路里的上限，最能夠遵守它的人就「贏」了。除了得到團體成員的讚美以外，你沒有贏得任何東西。不過對於在真實生活裡不適應社交的人來說，這就代表了一切。

我第一批參加的團體，名字類似「厭食症核心」（anaXcore）和「支持骨感」（proed_bones）之類的，而且曾經遭刪除，或是名字改成了「支持康復」團體。加入會員需要發表統計資料，還有你狂吃和嘔瀉經驗的簡短歷史。對我來說，這相當的激烈。我在裡面潛水，幾乎欣賞著他們的全心投入，不過我不想告訴一個像竹竿一樣瘦的青少年應該要「繼續下去」。有一些團體成員會貼出他們自己的裸照，引來的評論像是「你大概可以減去屁股的一些重量」或是「你的鎖骨看起來應該很可愛，如果它們可以更突出的話」。這些評語是大家針對飲食失調的討論，可是誰能夠責怪他們呢，我們生活在一個身體不斷被檢視，甚至是監督的社會，尤其是女性的身體，這些支持厭食症的成員更一步提升了監督的技巧。

雖然支持厭食症團體提供我逃離自己的憂鬱、孤立和無目標的避難所，它也教我要怎樣刻薄，不是對別人，而是自己。我日記的詞條是一連串無止盡的「我他媽的很醜」、「我是賤女人」、「我是如此他媽的愚蠢」。直到今天，我依然聽得見那些聲音。

我在LiveJournal真的有交到朋友，有一群年紀比較大的女人，把我當作親妹妹一樣地接納我。我們停止討論食物和節食，她們幫助我做家庭作業，介紹我希薇亞・普拉斯（Sylvia Plath）、艾略特・史密斯（Elliott Smith）和費歐娜・艾波，這些音樂和文學作品塑造了我，我真心感謝讓我發現它們的女人，可惜，這些友誼並非沒有代價。我們可以寄歌曲給彼此，卻沒有辦法拯救彼此。有好幾次，我必須刪掉我的帳號，因為我媽媽或是男朋友發現了她們。可是我永遠沒辦法告訴線上的朋友發生了什麼事。如果有誰沒有登入，我們會一直很緊張。有些女人消失是因為必須接受康復治療或是強制入院，有一個我很關心的女人最後發表的文章是關於她陷入什麼樣的混亂，又走回頭路沉溺於結晶甲基安非他命（crystal meth）。我從來不知道她真實的姓名，或是到底住在哪裡，因此沒有辦法知道她是否過得好。

這類型的團體有各種形式和規模。我和倫敦的第一個室友分享我支持厭食症故事，她告訴我，她十幾歲時曾經參加過類似的東西，不過是關於自我傷害。她說會在論壇發表自己切割的傷口，分享要怎樣割得更深的技巧，以及如何隱藏傷口，不讓父母看見。她在那些團體裡所花的時間和我一樣，我喜愛她，而且依然認為她是我遇過最棒的女人，但是她自己並不知道，也不能夠接受。她在那些網站上磨練到的危險又殘酷的聲音告訴她，這一切自己釀成的傷害所引發痛苦，是她應得的，這些聲音到今天仍然還跟著她，說她是毫無價值的。

如果你把一大票恐懼、寂寞和自我毀滅的人放在一起，就不能期待他們會配備正確的工具，來幫助彼此擺脫困境。

酸民言論

身為一名使用網路的成年人，可能不會發生你認識的人在網路上攻擊你的霸凌事件，但是你得面對酸民。那些人坐在黑暗的房間，在評語和推特裡傾瀉他們的個人主見，以摧毀任何擋住他們道路的人。

根據傳播教授史坦恩·艾克特（Stine Eckert）的一份研究結論，以個人在社群媒體的帳號，寫部落格或是發表有關女性主義、家庭以及/或母性政治（maternity politics）的女性，有九三·四%會收到辱罵的評論、跟蹤、酸民、強姦威脅、死亡威脅，以及下線後令人不悅的衝突。

我曾經寫了一篇標題諷刺的文章：〈二十一個你不應該造訪荷蘭的理由〉。這是當時BuzzFeed經常使用的標題風格，它驅動人們的好奇心，一旦他們點閱就會明白，網頁裡面全部是這個國家實際上很漂亮的理由。是不是很簡單？好吧，我還是會收到那些懶得打開來閱讀的人的訊息，他們寄到我的臉書、推特和個人信箱，說我是賤人、妓女，還好我不住在荷蘭，他們應該收走我的護照，我配不上我的國籍。以往我會回信，要他們真的去讀那該死的東西，但是現在已經停止這麼做了，那沒有任何意義。

應付酸民最好的方法就是忽略他們，但是這似乎是你在打退堂鼓或是躲避。臉書和推特這樣的平臺的缺陷是，對於保護使用者免於受到辱罵做得不完善，但很重要的是，要舉報那些傳送讓你感到不舒服的東西的人。

Google

說Google對我的心理健康有害，是有一點不公平。整體來說它並沒有，但是使用Google卻非常容易讓我的疑病症（hypochondria）加深，從相信自己懷了一個用指甲做成的惡魔寶寶，到以為我同時得了梅毒和腦膜炎，Google搜尋把我送進絕望的深淵。

雖然Google幫助我在焦慮論壇找到慰藉，因為人們在那裡談論他們的恐慌發作和其他症狀，但問題是，閱讀恐慌發作相關資訊也容易帶來相同的症狀。我曾經嘗試從其他人的貼文尋找安慰，他們一樣也沒有辦法撐得過搭公車的路程，但是看著他們呼吸短促、暈眩和熱潮紅，我的身體好像在模仿我正在閱讀的每一件事。

我認為這些論壇非常棒，不過當你仍然處於高度敏感的狀態，容易受到誘發，必須小心不要被淹沒在搜尋的雪崩裡面。

當我被診斷出患有邊緣性人格時，我對我的診斷感到非常自在，因為我已經看了好多年這方面的書，我閱讀科學期刊和心理學雜誌，而且我有很好的治療師，會指點我正確的閱讀方向。然而，如果你在Google一個診斷之前，事先並不知道它實際上是什麼，你可能會被受抨擊的錯誤文章吸進去。

當我的男朋友告訴我，他正在看有關邊緣性人格的文章時，我在Google鍵入這個詞，想知道從他的觀點來看，這些文章看起來會像什麼。Google建議的第三篇文章是〈你為什麼永遠不該和邊緣性人格（BPD）的女孩約會〉。就算這篇文章是登在一個由另類右派男權主義者（meninist alt-right）維護的網站上，我真的不應該對它有所期待。但是光是看到標題跑出來，還是令人非常傷心。當你在利用網路尋找安慰時，你必須記住，路上將荊棘滿布，不要認真看待你看到的每一件事情。

IG

在IG上有很多很棒的社團，例如身體正向運動。它們的存在單純是為了連結人群，散播自愛和打擊社會壓力。不過，無論我的動態消息裡面充斥了多少超讚的女人、黃金獵犬和打扮得像超級英雄的學步兒童，我還是覺得IG的某個部分是不合宜的。

英國Snapchat最近的一份調查顯示，從年輕人的心理健康來看，IG被評為是最糟的平臺。年紀十二歲到二十四歲的人抱怨，這個手機軟體造成一大堆的問題，包括寂寞、憂鬱、霸凌，以及負面的身體形象。

這個平臺依賴人們對生活的巧妙編排而茁壯，並且把這些生活送到我們的動態消息裡面。我的假日看起來永遠不會像別人的一樣好，另外，無論是一段穩定的感情、紫色頭髮，或是每個人都極力讚賞的新書，其他人總是擁有我想要的那樣東西。

狀態好的時候，我會用IG來尋找靈感，把社區裡面有趣的吃飯場所，或是我想去探索而且花費便宜的歐洲城市相關貼文保存下來。當我狀態不好的時候，IG是自我懷疑的入門毒藥，我會潛水去看三個前任男友，三個我認為有威脅性的女人的個人檔案，有時候我甚至會搜尋自己的個人檔案，想像自己是社群媒體的選秀節目評審西蒙・高維爾（Simon

Cowell）一樣加以評論。

我還有另一個與IG相關的習慣，它絕對是有害的，而且或許是社群媒體自我糟蹋形式的極端：取消追蹤軟體（unfollower app）。我一年會下載三次一個軟體，它會告訴我誰在IG上取消追蹤我。每一次我都會把它想像成是個有趣的活動：「喔，看吧，那個垃圾郵件機器人取消追蹤我」，或是「喔，那個大概原本以為我會更有趣的部落客取消追蹤我」，或者「我前任男朋友的媽媽終於把我刪除了，哈哈哈」。實情是，每次我允許自己使用這個軟體，都是有些困擾的事讓我過不去，因此會陷入自我厭惡的漩渦裡。

有一個我一直很敬佩的前經理，是個既酷又知性的女人，對國際商業很有智慧，我發現她對我的帳號按下了取消追蹤，然而她仍然追蹤其他每一個我們曾經一起共事的人（我重複做了確認，但是沒有過關）。我應該聳聳肩，然後往前進，不過我卻變得有點執著，我想打電話給她，問她是否弄錯了（感謝上帝，我沒有接著這麼做）。然後我從我朋友的眼光看自己的帳號，並且下了結論，我的貼文一定出了嚴重的差錯，我的貼文可能太頻繁了？我的照片圖說可能太粗魯？我的濾光鏡過於炫耀？

有那麼一秒我想要刪除我的帳號，直到我後退一步，想起這一刻我的行為有多麼的極端，這是一個社群媒體的平臺，不是真實的生活，冷靜一下！我開始用比較健康的方式來使用IG。

我取消了「黑特追蹤」(hate follows)(實際上是你並不喜歡的人，你追蹤他們是為了要好好偷窺他們的生活)，而且限制自己一星期只能到朋友的帳戶潛水兩次(沒有人是完美的)。

這裡是其他讓自己的帳戶對心理健康更安全的方法：

- 找到屬於你的社群：如果你讓周遭環繞正確的人，IG可以是一個友善的、提供支持的地方，如果你有特別關注的興趣或目標，讓你的動態消息填滿這些追蹤者。我是臉書上倫敦女性作家團體的一員，有些人貼出她們的IG帳號，看是否有人想要在那邊互相連繫，我參加了，並且加了一百個全都和我類似的新朋友：他們喜歡書本和寫作，以及書寫有關書籍的文章。我的IG帳號動態消息已經比較不會是憂慮的來源，更多的是靈感和同志情誼。
- 你不需要直截了當，但也不用感到要讓帳戶照片隨時保持完美，除非你的目標是成為擁有大量追蹤者的有影響力人士，不然對於貼出來的東西可以輕鬆以對。當我接受二級灼傷的治療時，對於貼出在急診室的自拍感到不自在，我可能會貼一張擁擠的雙輪小馬車照片，以及我是如何阻擋恐慌發作。這樣做能夠讓我和許多其他經常貼出他們的焦慮的人有連結，幫助我們彼此互相支持。

・三不五時為IG進行排毒，後退一步，並且審核每一個你所追蹤的人，那個一直重複他們例行的瑜珈運動的朋友，是不是讓你覺得怠惰和沒有用？或許把他們拿掉？你也可以進入設定功能，限制不要某些特定詞彙出現在你的評語裡，以防經常陷入你並不想參與的長串帖子裡面。

・弄一個臉部編輯軟體。我是認真的，一拿到臉部調整軟體，我就明白要讓臉看起更瘦、更細緻和光亮，有多麼容易。雖然所有的Snapchat濾光鏡都給你狗耳朵，但是也狡猾地讓你看起來不那麼蒼白。每一個人在IG上看起來都如此快樂的原因是，他們都使用了一兩種效果。我實際上從來沒有貼過自己的臉部修圖照，除了一張妹妹幫我拍的照片，照片裡的我手臂高舉，我把腋窩下因為剃毛引起的難看疹子弄模糊，不過並沒有起太大作用，我最後成了一個有模糊腋窩的靜物照。這教會了我，如果你可以熟練某個軟體，就可以運用在各種效果上，你越瞭解你最喜歡的IG照片是怎樣利用氣筆（airbrushed）美圖，就越能夠客觀看待。他們為了讓自己看起來性感，花了很多的功夫，假如你願意費力，那很好，如果不是，就不要再擔心了，這不是真實的。

網路跟蹤

每個人都會在網路上查詢別人。和第一個前男友分手後，我們變成好朋友，他告訴我和新的女朋友吵架的事，很顯然地，他看見她幾乎每天早晨離開床舖之前，都在查看我的IG、推特、臉書和Tumblr的詩詞（希望她喜歡我欠缺抑揚格的五音部）。他告訴她不要再這樣做，但這已經成為她的例行工作，她不想放棄。

與其說這讓我有點抓狂，實際上我反而想跑到她家，給她一個大大的擁抱，並告訴她我也同樣一直在追蹤她。我看過網路上她生活的每一寸細節：從臉書網頁到演出的作品集，到她在網路商店平臺Etsy的經典珠寶商店，沒有她放在網路上的東西是我沒看過的。對於我這麼徹底無聊的普通人，有人進行這種程度的窺探似乎是荒謬的，但她值得被追蹤，她是個女演員，有著像美人魚一樣的薑黃色長髮，喜歡肯伊，她很完美。

我想聯繫她，然後說嘿，沒有關係，我實在不大有趣，停止浪費你的早晨在我的帳戶上，去過你的生活吧！然而事情並不是如此，我們反而繼續埋頭搜尋，並且說服自己相信，其他的每一個人都比較好。

隨著時間的過去，我在IG上的偷窺變得更隨心所欲，過去算是標準的普通行為：前男友的新女朋友。你想看看她們是不是有什麼東西是你沒有辦法提供的，這並不好，但我們都這麼做。然而，我的偷窺已經進一步朝新的方向拓展，有時候甚至忘記我當初為什麼來到他們的帳號。例如，我可能在我朋友教母女婿的帳號裏足不前，砰，現在上鉤了，醒過來後會想著：「修果最近在做什麼呢？他有新車了嗎？新房子？新的女朋友？」

無論你面對的是酸民或是霸凌，或者是你的前任在誇耀他們快樂的新生活，網路是一種操控心理的行為。對我來說，非常重要的是，把網路看成是我所種植的花園。我想種植好的東西，把雜草除掉，我已經耕種出一個令我感到安全的地方，一個讓我學習和讓我歡笑的地方。這裡是應該怎麼做的方法：

- 參與你所關心的慈善組織和團體。我發現一個幫助生理期貧窮的慈善組織，他們提供衛生棉條和衛生棉給買不起的難民婦女，我開始追蹤他們，去做志工幫助他們，還有找其他人一起參與。
- 利用你的技能去做些有用的事。我開始幫助倫敦一個很棒的慈善組織的社群媒體動態新聞，他們教導年輕婦女演奏樂器。我花時間幫他們傳播訊息，設計資產，並且吸引能夠幫得上忙的影響力人物。

- 只要你不覺得談論心理健康具有誘發性，可以從臉書團體尋找安慰。我加入了二十五個以上的臉書團體，我喜愛它們，它們讓使用臉書更具個人性。其中有十個是心理健康團體，從「焦慮症女性」到「在邊界的女性」（你猜對了，一個為了邊緣性人格女性而成立的團體）。你可以利用它來分享一些令你苦惱的事情，或是慶祝每天生活裡的小小勝利，那可能是沒有心理問題的人所無法理解的。
- 我也成立了自己的團體，稱作「女人&心理健康（Women & Mental Health）」，會員在裡面分享與心理健康議題有關的文章，論點可能非常地正確或是錯得離譜，然後我們會展開友善的討論。
- 推特上的心理健康社群也很棒。推特感覺像是無止盡看似謙虛，實則自誇，或是自我貶抑，或是兩者兼而有之的訊息，但是也有很多的積極份子、代言人，以及那些致力於打破污名的人。
- 我在Reddit的訂閱子頁（subreddit）[7]匿名貼出我自己心理健康的困境，在那裡交了一些朋友。我們現在使用一個分享軟體，因此可以每天聊我們的治療、戀愛關係的問題，以及致病因素。
- 像大白山（Big White）和七杯（7 Cups）這樣的網路支持團體，也全都是很棒的心理健康資源。

・重要的是你不是企圖自己處理你的心理問題。有傾吐的對象是很重要的，要說出內心發生什麼事，可能會覺得很困難，感覺像是你在過度分享、製造混亂或是無病呻吟。但是，在你將自己送進羞愧的漩渦之前，要牢記這些事情，因為談論心理健康一點也不奇怪。相信我。
・我們當中每四個人至少有一個人遭遇心理健康的問題。
・預估到了二〇三〇年，英國有心理問題的成人大約會比二〇一三年多出兩百萬。
・年輕女性風險最高，據報導，英國超過三分之一的年輕女人感到不快樂，或覺得自己是沒有用的。
・把你的問題當作祕密，會讓它看起來似乎是你的錯。
・把它們當作祕密，會讓這類事情看起來相當不尋常。（它並不是，喂，四個人裡面就有一個！）
・這個世界沒有辦法看透你的內心，你得告訴他們。

7 eddit的主頁內容會根據當天的熱門投稿編排，但用戶可以用訂閱的方式來讓主頁呈現訂閱子頁的內容。

．談論是讓別人看見你很痛苦的最快方法。
．沒有人應該被迫覺得，他們應該隱藏任何一部分的自己。
．尋求幫助很重要。
．尋求幫助可能會救了你的命。
．談論斷掉的腿，你不會覺得奇怪，那麼破碎的腦有什麼不一樣呢？
．心理上生病的人不會對社會造成危險，不是像很多標題、電視節目和電影要讓你相信的一樣。
．談論很像是讓身體裡面快要爆炸的氣球空氣慢慢地排出去。
．你越誠實，友誼就會變得越穩固。
．如果你封閉自己，關係永遠沒辦法走下去。
．反正那些評斷心理健康狀況的人，不會是你想要與之為伍的人。
．藉由分享你的困境，你讓別人知道，如果他們發現自己遇到相同的處境，可以來找你。
．接受自己的脆弱可以讓你更堅強。

八歲的時候，我在學校成立一個叫做「喬治小孩」（The George Kids）的樂團，我們學校是聖喬治小學（St George's School），所以這不是世界上最有創意的團名。不過，我真的寫了一首得獎的歌曲（我們在冬季的選秀節目贏得「最具熱情」獎），歌名是「一生的友誼」。這首歌琅琅上口，因為只有重複「一生的友誼，我們白天夜晚都在為它歌唱」，一遍又一遍，直到你想用頭去撞牆。

我唯一寫過的這首歌表示，我對親密的友誼有多麼的渴望。我想要一個幫派、一個團體，或者最棒的假想是一個厲害的女子運動隊伍。由於爸爸的工作，我換了一個又一個的學校，永遠沒有召集到緊密聚合的朋友，即使是現在，我愛他們勝過一切的朋友都分散在不同的國家，有一些每周見面，有一些幾乎沒見過面。

我學到了友誼不會有藍圖，每個人都有不同的需求和期望。無論如何，由於從來沒有歸屬於一個大型的團體，我也沒有體驗過負面的事情：吵架失和及其他戲劇性的事件。反正團體或許永遠也不會適合我，我可能會淡入背景，或是不斷地跟從其他人想去的任何地方？

我曾經參加一個大型的團體旅遊，那是學期末我們高年級的年度旅行。大家分散成小團體，前往參加泡沫派對（foam parties），喝超市自有品牌的可樂加上幾滴萊姆酒。夜店放射出來的閃亮燈光和吵雜音樂，卻讓我覺得有點害怕，我瞭解到自己很像是一隻狗，只想躺在地板上，讓人撫摸我的背。不要逼我去過度擁擠的房間，在裡面我會動彈不得。

與其強迫自己加入舞池，跟上那一大票學校好友，我寧願上床睡覺，第二天七點起床，去參觀一座考古遺址。你覺得這很無趣乏味，那麼你還沒聽到其餘的故事。假期稍後，我發現有人在飯店玩拼字遊戲，有兩人與我年紀相仿，好像也是從他們的學校脫隊，我加入他們，在剩餘的幾個晚上激動吶喊，同時也感到全然地放鬆和自在。我和另外兩個害羞卻也很像我的人，喝便宜的希臘啤酒，這可能不是一個派對的組合，或許我們錯失了享樂的機會，不過我們沒有壓力，也做了我們想做的事情。

當談論到友誼這件事，我學到它的品質比數量還要重要。我發現自己在群體中會特別努力融入（除非我找到拼字愛好者），如果是一對一相處，我知道朋友會喜歡我，願意與我一起打發時間，我不需要假扮成別人，一個不一樣的人。一對一的時候，我知道我可以占據朋友的時間和注意力，這表示比較容易公開地談論我所面對的任何事情。

大部分的朋友都知道心理問題帶給我的痛苦經驗。我通常會用拙劣的戲謔方式來測試自己的傷心故事，我會講一些有點瘋狂或是藥物治療的笑話，如果我覺得沒有招來任何的批評（當然他們可以自由評斷我的笑話有多糟），那麼我可能會變得正經點。

現在，我快三十歲了，即使是面對很好的朋友，要百分之百誠實仍然很困難。我一直以來的擔憂就是，我會變成討人厭的人，或者更糟糕的，成為朋友的一個負擔。我擔心，如果我讓每一件事都圍繞著我自己和我的需求，我就不能成為他們的好朋友。由於我非常希望完全不要透露自己的問題，因此錯失了與朋友建立真實親近感的機會。一切都太過於單方面地想知道某個人的每一件事情，但只提供簡短片斷的自己。我下意識地努力成為一個慷慨又可靠、還有一點點勇敢的朋友。我告訴過一些朋友，我被診斷出來的病以及自我傷害的事。當情況糟糕透頂的時候，我甚至學會向其中一些人尋求幫助。

把心理狀況告訴別人，會令人膽怯，卻很重要。這可以表示，你驅散了內心的一些濃霧，允許某個人進來，即使只是一點點，因此不會讓你變得孤立。假裝自己過得很好，說服大家我真的百分之百沒問題，需要很多障眼法。我必須誇張地捏造任何的好消息，以便讓它聽起來有可信度：「喔，是的，我和公司的一個女生碰面，很棒，太棒了！我真的過得非常、非常開心！每一件事都很棒！」只要看看一年前我最低潮時期的IG，有很多照片都是在酒吧的派對裡面，看起來好像過得很開心，但洩漏真相的是：手臂上的繃帶從手肘包紮到手腕，眼睛看起來像哭了三個禮拜。

為什麼把你的感受告訴你朋友是個好主意：

．你不是一個負擔。人的本質是良善的，而且願意互相幫助，他們只是不知道該怎麼做。試想有人向你尋求建議時，你會有什麼感覺。我真的會覺得自己是有用處的，甚至有一點榮幸。因此我需要充分理解，反過來道理也是一樣。

．你不需要每件事都自己做。無論是暫時或是比較持久的，對抗心理問題是需要協助的事情，你需要支持，不要跟自己過不去。

．你沒有發瘋。有時候你的大腦讓你覺得看見了並不存在的東西、你生活在黑暗的井裡面，或是有螞蟻沿著你的脊柱上下攀爬，把這些告訴某個人不代表你的朋友會把你汙名化為傻瓜，或是永遠拋棄你。要記得，你不是瘋狂、衰弱或是怪異的，不管你的症狀是用什麼方式顯現在你身上，你並沒有做任何事情把它們招來。

友誼可以幫助你脫離低落的心情，但是友誼不是變成彼此的個人救星，你不可能神奇地修復某個人的大腦，也不可能一直收拾他們身處的惡劣情況。友誼是關於在身旁陪伴、出現、傾聽，以及其他瑣碎的事。只要有朋友寄照片給我都別具意義，不管是可愛的小狗，或是看起來非常像巨大陰莖的黃瓜。只要有人把我的信件匣塞滿令我大笑的東西，無論有多麼幼稚，我都會感覺他們在我身邊，他們沒有放棄我。

我的朋友們不是受過訓練的治療師，我並不期待他們給我專業的建議。有時候我會解釋我的感覺，然後他們會絕望地說，我真的不知道那是什麼感覺。當他們這麼說的時候，我並不介意，他們不是拒絕我，他們只是溫和地讓我知道，我不能期待他們擁有神奇的解決辦法。很多事情對他們來說都是陌生的，對我也依然還是陌生的。

公開和朋友談論往往會開啟令人驚訝的對話。當我把我的憂鬱症告訴我最好的朋友，還有它是怎麼樣影響我的戀愛關係時，這件事彷彿讓她恍然大悟一般。她似乎經歷過完全相同的事情，並且不能理解那到底是什麼？她過去幾個禮拜都在床上疑惑每件事的意義是什麼，她請求和導師見面，退選學校的課，好幾天都沒有跟任何人說話。她沒有向任何人伸手求援，因為她感到迷失和羞愧，她選擇用孤立給自己空間和時間，來理解出了什麼問題，結果卻太習慣於自己選擇的孤獨，而無法走出來。逃脫的路線被堵住了，她認為沒有人能幫得上忙。

如果我沒有公開自己的經驗，她可能就不會有頓悟的時刻，對她來說，知道她不是唯一一個有這種感覺的人，讓她大大鬆了一口氣。她不是要死了，身體也不是在慢慢地衰敗，她有憂鬱症，需要跟人談一談。

當我們在一起的時候，還會討論我們的大腦突然出現的一片空白。有時候她描述某件事情，感覺和我所經歷過的完全一樣，我會興奮地小聲尖叫。她瞭解我！多棒的女人！有時候我會傳給她開頭是這樣的訊息：「喂，你有沒有曾經覺得……？」或是「你覺得那正不正常……？」能把突然爆出來的擔憂寄給某個人，是非常寶貴的。她不需要馬上回答，只要知道她不會帶任何批判看待我的問題，就勝過一切。

關於我的憂鬱症，以下是我希望大家知道的一些事：

- 感謝我的朋友和我愛的人為我做的每一件事情，很抱歉我沒有能夠經常表達出來。
- 感謝你費心到我家來，但不要沒有告訴我就出現，因為這會讓我緊張，並且讓我感到羞愧，我是怎樣的忽視自己和周遭環境。我需要預警。
- 如果我看起來好像注意力分散，那是因為我的腦袋有一半充滿了白噪音（white noise）。
- 如果可能，和我一起消磨時光時是一對一，因為群體或是陌生人會讓我抓狂。
- 我可以和你一起看電影或是電視，但不要太久或是太深入，因為我可能會注意力不佳。
- 與我一起訂定計畫，不是重大、改變人生的那種，而是像散步、野餐、到海邊這樣的小事情。當我憂鬱的時候，未來是一架虛無的巨大飛機：我越能夠把沉重的空白填滿，我越能夠抓緊希望。

- 當你對我說了稱讚的話，我可能會翻白眼，或是忽略它們，但我是真心地感激。
- 說話有可能是困難的，有時候感覺好像嘴裡有一團花生醬，所以如果我話說得不多，或是我的話聽起來有點含混不清，不要覺得害怕。

朋友也能夠給你一些觀點。我經常需要腦袋外面的人，來為我世界末日般的想法帶來現實性。情緒最低潮的時候，我對自己的想法和對待自己的方法相當糟糕，但我已經習慣了，這對我來說很平常。我需要一個朋友讓我確信我的安全和健康是重要的，與自我毀滅相比，我值得更好的東西。

告訴朋友發生在你身上的事情，不需要用非常戲劇性的方式坦白，當他們問你好嗎，可以簡單地說：「不大好，原因是……」但是，如果告訴他們讓你覺得有壓力的話，至少把第一句話寫下來可能會有幫助，舉例來說：「我想告訴你一直以來我所發生的事情。」這樣你就不會在一開始就被卡住。你可能也會想先告訴某個不知名的人，像是英國生命線撒馬利亞人（Samaritans）或是英國心理健康慈善機構Sane，他們都有電話和電子郵件服務。你可以測試水溫，決定你想和朋友分享的事，以及仍然讓你感到不舒服的事。

就個人來說，我發現，不要一次就全盤說出每一件事，以及小心選擇你的對象，是有幫助的，你並不需要告訴每個人。有時候我容易分享太多，話像破裂水管裡面的水一樣洩露出來，然後會立即對我的傾吐感到後悔，會斥責自己拿我的問題給對方製造負擔。有些情況下，我的羞恥心會非常嚴重，我甚至會中斷我們的友誼，並且真心相信這是給他們的一個很大善意。

對於打算從對話中獲得些什麼，你自己要有好的想法，是不是有特定的事可以請求他們幫助？如果沒有也不要擔心，有時候只是和某人分享一個狀況，就可以讓你感到輕鬆許多。如果有你朋友幫得上忙的更具體的事，絕對要提出來，他們會熱心地幫助你。

可以是很小的事，像是要他們打電話給你，你才能準時起床赴約，或是你可能只是想要他們一個禮拜一次陪你坐下來看場電影。你和父母之間難以啟齒的對話，他們是否能夠幫你開場？他們是不是可以在治療之後和你見面，這樣你就可以有說話的對象？假如是一個很大的要求，要記住，他們可能會說不，不要把它視為是拒絕，可能是他們自顧不暇？可能他們覺得自己不是適合幫助你的人？

對於友誼有多麼美妙的警告是，我們人生中都會有這樣的時刻，有可能覺得找不到夠親密、能說得上話的人，沒有關係，你並沒有任何的錯或毛病。

如果有人決定把他們的心理健康問題告訴你，而你覺得「喔，天啊！我要怎麼面對」，請記住以下這些事情：

- 你的終極目標不可能是讓他們復原，即使你沒有辦法讓他們高興起來，也不算是失敗，你的目標單純是傾聽。
- 你可能看見他們在微笑，並不代表他們突然間變好，要記得，人類是優秀的表演者，我們會選擇想展現給外在世界看的那一面。
- 假如某個人沒有回覆你的訊息，或是你問候他們的時候，表現得有點遲鈍，不要遽下結論認為他們在生你的氣。這經常是因為，他們覺得自己配不上你善意的言語，因此他們就將這些話阻擋在外。不要放棄。
- 如果有事情讓你感到不舒服，或是令你擔憂，要告訴第三人，不要抓狂或是失蹤。
- 要記得，你的朋友正在盡最大的努力，即使看起來好像只出了最低限度的力氣。他們是真的、真的在嘗試。
- 讓他們知道你是關心而不是可憐他們，不要用好像他們是有病的態度對待他們。
- 不要讓他們覺得，他們的問題好像是不正當的：例如「很多人過得比你還要糟」，或是「非洲的人都快活不下去了」，或是「噢，或許我才是那個該拿刀割自己的人！」你的朋友可能相當地敏感。然而，你畢竟只是平凡人，試著不要宣洩任何的挫折，不要突然說出：「忘掉就好了！」或是「看在老天的份上，起床吧！」這不會起作用的，對個人教練來說，嚴厲的愛可能是有用的，但那不是友誼的良好基礎。有個夥伴曾經對我說：「你覺得想自殺？你的想自殺讓我想要自殺！」後來我們的關係並沒有太好。

- 讓他們覺得你們是一個團隊，而且你也與他們在一起，雖然他們才是跟惡魔在作戰的人。
- 一個自發性的簡單訊息，就可以讓人非常開心。
- 要記得，害怕是沒有關係的。如果你朋友嚴重憂鬱，他們的世界觀相當灰暗，他們和你分享的一些事可能會令人震驚，你甚至可能發現自己陷入他們的思考方式，然後突然間世界似乎不再像以前一樣明亮了。要確認當你需要的時候，你也有其他可以談話抒發的對象。
- 尋找專業的介入。如果你朋友談論到自殺和殺死自己的計畫，不是由你來阻止他們，你必須告訴一個親戚，或是當地的心理健康機構，因為他們的生命可能會有危險。

你不是受過訓練的心理學家，這不是你的責任。

治療

我從十六歲開始斷斷續續接受治療，我總共看了七個不同的治療師，我最喜歡的是撰寫本書時看診的那一位。她非常有智慧，不會讓我遮掩對我有真正影響的事情而脫身，我曾經在步出她的辦公室時心想「她是個賤人，我恨她」。冷靜下來以後，我想起她是在盡她的職責。即使是已經黏貼了一輩子的OK繃，她也能夠把它撕扯下來。

我現在的治療重點在於，把現在的問題與生命中較大的主題做連結，進行很多的內省和談論過去。我曾經做過的其他治療形式比較實際，我們會訂定目標，我必須在治療課程之間執行特定的任務，像是替我的情緒打分數，或是精確指出一天當中焦慮發作最嚴重的時候我在做什麼，發生什麼事？這些課程使用的方法稱為認知行為治療（cognitive behavioural therapy），當你為了焦慮和憂鬱尋求幫助的時候，全科醫生經常推薦。

後來，我開始看以人際心理治療（interpersonal therapy）為專長的治療師，他們通常進一步探索你的孩童時期、戀愛關係史，以及你的過去，你會有很多「恍然大悟」的時刻，一大堆造就你的事物突然之間真相大白。人生中對你有顯著影響的重大事件，有時候只有稍微有點距離和具有嶄新觀點的人，才能將它們指出來（喔，還有多年的訓練）。

現在有很多不同的治療形式，在固定一個治療師之前，我建議你盡可能多做研究，嘗試理解什麼才是對你有用的。我後來換過一個又一個的治療師，卻很少思考我選擇的原因，多半是因為我使用了免費的服務，畢竟如果你終於在等候名單中排第一位了，你就不會想要太挑剔。

不要重蹈我的覆轍，與其接受現成可以使用的資源，不如主動詢問有什麼類型的治療，並且Google看看。當焦慮一心想摧毀我的生活，認知行為治療幫助我建立回到正常生活的基礎。它給我控制恐慌發作的工具和技巧，直到今天，我依然在使用這個方法。由於認知行為治療的方法，我能夠走出家門，搭乘公車，甚至參加派對。

當我覺得我已經學到這個方法，我就很急著想知道，我的身體為什麼用這麼激烈的方式回應特定的情境。比較自由的談話治療形式，在這方面對我很有幫助。但可以帶回家的技巧比較少，不過我最後還是學會了要如何對自己更有同情心。我的身體沒有毛病，我的大腦沒有在搞破壞，我這樣的反應是有原因的。

與治療師的第一次會面通常是個測試：測試你們兩個是否相處得來，以及治療師是不是真的對你有幫助。我對這個部分沒有太注意，感覺好像只是在反芻我的人生故事，而這件事我已經做過很多次了。如果治療師人很好，又能對我的黑色幽默發笑，我認為就差不多搞定了。我沒有太注意細節，例如有沒有感覺被聆聽？是不是感到自在？我們之間有沒有人比較專心看時鐘，而不是正在進行的事？

雖然我曾經遇過一些很好的治療師和諮商師，但不是全部都適合我。我最喜歡的是一個名字叫做奈傑爾的大個子男人，他的白皮膚像紙一樣薄，臉頰上布滿清晰的紅斑點。我覺得他對我的故事沒有共鳴，我覺得自己不停變換語言，企圖避免任何我懷疑他會給我的任何批判。不過都沒有用，因為他沒有說「你是不是有亂交」或是「你對性的態度是什麼」，而是說類似「你在做愛的時候感覺怎麼樣？」

我也曾經遇到我太過於喜歡的治療師，除了每個星期三下午在小房間的會面，我還想在外面跟她當朋友，當我在計畫去巴黎的單人旅行時，我必須阻止自己邀請她一同前往。她溫暖而善良，會給我很好的建議。我把我認為女性應該有的樣子的想法轉移到她身上。她集合一切於一身，心智正常，還有同情心和愛心。

我非常想取悅她，所以每當她對我的人生做出觀察評語時，我會急著點頭附和，卻沒有真的思考：「等一下，這是正確的嗎？」我渴望當一名好客戶，想讓她感覺自己做得很好。

我的直覺一向是融入周遭環境，適應它，並且順應情勢對我的一切要求。這就是你存活的方法，但這對治療並不好。我的工作不是要保護治療師的感覺，或是讓他們對自己的所選擇的職業感到滿意。

所以你要怎麼知道，是不是找到了一個好的治療師呢？

最重要的是，你覺得可以分享你的感受，而不用擔心感到羞愧。這大概不會馬上就發生，因為我發現自己一開始都在談一些「簡單的」的事，例如我開了一場有壓力的會議、一個難以開口的對話、或是發生在古早以前的分手事件，說出這些事對我很容易，因為它們不是讓我晚上睡不著清單的前幾名。一旦我們的會面有了節奏，我才會剝掉保護層，開始洩漏對我比較有影響的事情。

羞愧占了我的人生相當大的一部分，它吞沒了我，把我拖離健康的選擇。它在我的喉嚨裡塞了脫脂棉，像隻流浪動物在我腳邊狂吠。當羞愧滲透到治療裡面，它會阻止你進入真正困擾你的事物核心。當我開始大聲表達出羞恥的時候，我會拐彎抹角，幾乎像是打破治療的第四面牆。

我有一次與現在的治療師進行會談，開場很普通：「你這個禮拜過得怎麼樣」，坦白說我這個禮拜簡直是個災難。我喝太多，和當時的男朋友吵架，我相當確信他有毒品的問題。

我最後在肖迪奇（Shoreditch）一個飯店房間，與一個前任在一起，我和他之間會互傳無關痛癢的調情簡訊。我對自己的行為和缺乏自制力感到非常羞恥，看起來我似乎無法掌握任何事情，我需要發洩，卻害怕我的治療師會認為我是個酒鬼、妓女，好一點則是道德破產。

我沒有說出真正想說的事，反而談到工作上必須做的一場簡報，我覺得我表現不好，但是沒有關係，因為我已經三天沒有抽菸了，然後我正沉迷在一本很棒的書裡面，所以我還是有值得驕傲的事。

我的治療師一定是覺得，這兩件事的中間有其他事造成我的壓力。她要我停下來說明，就在那個當下，我的腦袋在想些什麼。這對我來說很容易，我只要說出心裡想的事情。

「我覺得自己有一點沒用。」

「為什麼這麼說？」

「我想告訴你發生的一些事情，但是我擔心你會認為我是個糟糕的人。雖然我知道你的工作是聆聽，不會做任何的論斷。我不是說你做得不好，我就只是擔心。」

然後她說了一句話，現在已經成為她的名言：「好，這裡面一定有事。」

我們逐字拆解我的句子，並且檢視它們背後的感覺，我明白我正在把對自己感到的羞愧傳遞給她。這個結論幫助我解開羞愧的繩網，說出真正想說的，並且從裡面脫身了。

有時候，治療感覺像是相當例行的交流，治療師問你一個問題，然後你回答。但實際上要說出最困難的事，並沒有那麼容易，在這個狀況下，打破治療的牆壁真的對我有幫助，它迫使我離開那個問－答－問－答的架構。從那時候開始，當我覺得有需要承認我感到尷尬或是害怕的時候，我都會讓會談暫停下來。

治療師也常常問我身體上的感覺怎麼樣，這幫助我把心理和身體連結在一起。如果我在談一件令我感到有壓力的事，我通常會覺得恍惚和漂浮，所以我需要某件事將我再次帶回到地面上。

我學到的另一件不要在治療時做的事，就是把它當作一個新的單人喜劇劇目測試。我認為自己擁有一個保母包萍（Mary Poppings）風格的大包包，會吹出永不止息的狂風。但是如果我必須說出我喜歡自己的一件事，那就是我知道要怎麼逗人發笑。當朋友心情不好的時候，我可以安慰他們，說一些讓他們微笑的事，即使只有一點點。然而，幽默愛好者的問題是，在說故事的時候總是會加入幽默的元素，即使在可能不是完全合適的時候也是一樣。在治療時，每當我講到自我傷害、自殺或是性侵害時，我會在某個地方插入一個黑色笑話，這比較像是為了保護我自己，而不是其他任何人。我不想要它變得太嚴肅，我不願意想太多，我不想要覺得自己很可憐。永遠不要。

這表示如果治療師對我的笑話或是趣聞發笑，我會認為這是一大勝利。我有一次讓一個諮商師連續笑了三次，當我離開那裡時，感覺像是剛剛在周末夜現場（Saturday Night Live）把一個橋段搞定了。把我的痛苦轉變成笑聲，感覺是一種勝利，我在做某件有益的事。現在我的治療師（你能不能看得出來我對她略微地著迷）已經引導我，不要把她當成是瑪姬脫口秀的觀眾。

過去一年來，我告訴她很多的資訊。我因為說謊隱瞞自己的心理健康狀態，所以不得不接受公司的懲戒公聽會。我為什麼喝太多酒，然後救護車是怎樣把我送到心理健康治療機構。不過那件事有點滑稽，因為救護車上的那個老兄和我差不多年紀，他不停想聊一些笨拙的話。我經歷了人生的高峰和低潮，就像是剛剛一口氣喝下三罐紅牛（Red Bull），我沒有換太多氣，在快速地吸了一口氣之後，雖然聽起來比較像是一聲尖叫，她中斷了我的談話。「你可以在這邊暫停嗎？」我照做了，不過嚇了一跳：「她為什麼要打斷我的故事？」她說我輕快帶過的這些生活細節，其實很重要，我卻把它們當作購物清單一樣快速帶過，而且我輕微焦躁不安的「這全都沒有關係不用擔心」的語氣，實際上會讓她感到焦慮。

「我讓你覺得焦慮？」我心想：「什麼？我又沒有做任何事情，我只是坐在這裡說出我的故事，就像我應該做的一樣。」我後來明白，我談生活的方式反射了我對自己人生的感受，它完全是個笑話，我覺得和它沒有連結，而且內心深處害怕，自己沒辦法活著度過一切。

治療師教我，要更認真看待我的會談。在開始告訴她某件事情之前，嘗試把它和真正的感覺做連結。這並不是說，我就必須開始用悲傷、溫順的聲音，小聲說話。我依然快速帶過很多的事情，但是試著放慢下來。我發現要進入自己「真實」的感覺很困難，它似乎深深埋藏在某個地方。而且老實說，我還沒進到那裡。但是越是放慢速度，試著注意所有發生的事情，我就覺得離目標越近。

我認為我的治療師是女性對我很重要，不過這個狀況並不適用於每個人。跟從來不敢開口說「性」這個字的奈傑爾做治療，我不覺得我能夠告訴他我戀愛關係的問題、我的亂交，或是侵入式的性思想。大家都知道只要有男人對我做了令我太生氣的事情，我就會說出一些「禁止男人外出」的氣憤言論。這個時候要是坐在我對面的人是個有陰莖的傢伙，就不大妙了。我很害怕我會做出冒犯他的事。

我有一次故意不去做治療，因為她用了一張一九八〇年代風格的迷人大頭照當作領英（Linkedin）檔案照，看起來很怪異。我的治療師一向讓我感到有點害怕，任何聰明和儀表出眾的女人也一樣，我不想特意打扮來讓她印象深刻。我去做治療都是在一整天忙碌的工作或是整天憂鬱地躺在床上之後，因此亂糟糟的頭髮就是最好的樣子。

我和從外國來這個國家執業的治療師的進展最好。我選擇到英國念書，而且已經在這裡住了五年，對於異地生活和身處異鄉的經驗能夠感同身受的人，和我的進展最好。當英國脫歐的時候，我的治療師和我一樣面臨不確定的未來，因此她能夠明白我的一些憂慮的來龍去脈。

這些都是我覺得在選擇治療師的時候，對我有幫助的小細節。每個人情況都不相同，但是當你找到一個能夠與他相通的人，感覺像是如釋重負，當然這個過程絕對不簡單。

等待遊戲

關於治療，我希望有人可以早點告訴我的是，一旦決定這件事可能對你有好處，也不是馬上就能心想事成。除非你找私人的治療，否則你最後可能會在品質不好的等候名單上。私人治療不必然超級昂貴，但會花點錢。

每一個國家都不一樣，但是住在英國，很難不去面對資金嚴重短缺的國家健康服務體系，其實沒有足夠的心理健康機構可以符合每個人的需求。我和好幾百個人談過，他們被這個體系忽略，或者最後接受了錯誤的治療，因為沒有其他可以提供的資源。

為了應付邊緣性人格帶來的困境，我目前在體驗辯證行為治療（dialectical behavioural therapy）的樂趣。三個月以來，我斷斷續續地打給心理健康服務中心，想在我這一個行政區找到合適的團體。我在最後一次的對話被告知，所有地方都沒有空缺了。他們寄給我一份自助網站清單，感覺完全像是回到起點。

這並不是單一個案，很多人的情況更糟。很幸運的是，我目前並沒有風險，沒有處於危險之中，不可能蓄意對自己或是其他人造成任何傷害，但萬一我有的話，一想到在能夠見到任何人之前，要跨越如此巨大的鴻溝，是很可怕的。

尋求讓心理健康回歸常軌的過程中，我瞭解到必須打很多的電話，我討厭講電話，即使是我男朋友打來的，接電話之前，我依然需要深吸一口氣。所以打電話給一打以上的人來整頓我的人生，告訴他們我所有的問題，有的時候實際上是在乞求幫助，我完全不認為這是一件有趣的事。

所以當你在約談之間，覺得在得到任何幫助之前似乎要等上一輩子時，你該怎麼做呢？

- 請你的全科醫師提供一份你行政地區的求助電話號碼清單，當你擔心可能對自己做出什麼事情的時候，在緊急狀況可以打的電話。把這些電話放在檔案夾裡面，保存在安全的地方，其中有些是你可以打的電話號碼（例如離你最近的急診室），其他則是你可以進去的地方。我在倫敦的行政區有所謂的「危機咖啡店」（Crisis Cafe），在嚴重不安的時候，你可以進去接受同儕的支持。

・記錄任何的面談或是電話評估的日程安排，如此就可以追蹤服務時間，查看他們是否超過了說過會再打給你的時間。

・尋找你附近的支持團體，如果你對這種同儕對同儕的環境感到自在的話，可以尋求他們的支持。

・記錄想法、感覺和心情來瞭解你的情況。這樣的話，當你終於到了等候清單的第一位，可以被約見面時，你可以很容易地概述最近幾個月發生在你身上的事。

・嘗試任何你覺得可能有用的心理健康軟體和網站。我對軟體的反應不是很好，特別是那些冥想軟體，不過在等待治療師的時間，我每個星期二下午會在舒適的客廳做一小時的冥想。它給我一種常規和有架構的感覺，我覺得好像還有在做一些事情，雖然是在有點被遺忘的狀態。

・同樣地，買本書（買我的書，再一本！），讓你自己沉浸在似乎是對你有用的著作裡面，不斷嘗試，直到找到某樣你可以堅持的事情。

・嘗試在一天當中選出一段時間，你所要做的事情就只有放鬆，不要工作、上網，或緊張任何事情。做任何幫助你睡著和深呼吸的事情：敷面膜、把自己包裹在羽絨被裡面，讓《哈利波特》來作伴，或泡冷水澡。堅持保有這段時間是很重要的。

藥物治療

當醫生第一次開抗憂鬱劑處方給我的時候，動作非常地快速。我告訴醫生我發生的事情，回答她一連串的五個問題，不到一眨眼的時間，她就開給我舒憂膜衣錠。

回到家以後，我卻感到非常困惑。這感覺是一件大事，像是人生展開了一個重大的改變，但卻發生在短短幾分鐘的時間裡。我到藥房拿了處方藥，把藥丸放在我客廳的桌上。我和大學時代的男朋友P討論，我們決定我應該吃，反正劑量很低，如果不適合我，那就停止服藥。我吞下我的第一顆藥丸，坐在舊沙發上等著看會發生什麼事情。

我在一年以後停止用藥，我的焦慮已經沒有那麼嚴重了，我可以搭電車，也得到一份工作，並且搬到了倫敦，我過得還可以。停藥沒有那麼簡單，我的大腦感覺像是Google地圖的街景，當你按下箭頭的時候，景觀用一種緩慢、故障的方式移動。我在工作或是準備上床的時候，大腦偶爾會發生故障。這狀況很令人害怕，但沒有持續太久。一兩周之後，我回復到零故障的生活。

大約三年以後，我的焦慮回來了，而且伴隨很深的憂鬱和自殺的想法，它們像是持久不散的雲朵，在我的上方盤旋。醫生開給我新的處方，這次劑量更高，因為之前舒憂膜衣錠對我起了相當好的作用，繼續沿用似乎是個好辦法。

幾個月以後，情況並沒有真的改善，我的自我傷害行為失去控制，一直閃現自己的身體猛然拋到汽車前面的畫面，因此他們增加了我的處方用藥。幾個月以後，我回去看診時再度抱怨自我傷害的困擾，他們再次提高了劑量。

我知道從表面上看起來，聽起來醫生好像只是想用藥丸讓我安靜下來，而且老實說，感覺真的是這樣。當你迫切地需要一個解決方法，無論醫生給你什麼，你都會接受。但是我所知道的是，藥物治療真的對我有幫助，它讓我可以更清楚地思考，因此我的腦袋裡才有空間對抗一些侵入式思想。它也讓我的焦慮症狀受到控制。

在同意使用任何藥物之前，盡量研究一下你的處方藥丸。很遺憾的是，這真的表示，你必須瀏覽發生在大家身上數不清的恐怖故事。小心做你的研究，留住你信任的發洩管道，不要被其他人的恐怖故事嚇壞。閱讀醫療網站，打求助專線找人談話。

當你的全科醫生考慮給你藥物治療，要盡量發問，才不會在回家之後整個晚上都在擔心。要詢問對你的心情、性生活、身體健康會有什麼影響，以及當你決定停藥時會有什麼影響。確認你有追蹤門診，這樣可以查看你的狀況，如果可能，在那段時間試著看同一個醫生，這樣才能夠建立默契，並且習慣和他們談論你的心理健康問題。

務必要記得，天下沒有可以治療所有症狀的神奇藥丸。當我被診斷出邊緣性人格這個新疾病時，我想，好吧，至少現在我可以接受不一樣的藥物治療，新藥可能馬上就能讓我快樂起來。我的精神醫生告訴我，如果我真的想改用新的藥物，白天可能會有集中注意力的麻煩，我聳聳肩說，我可以應付得來。我也詢問它對閱讀會有什麼影響，當時我一天讀一本書，閱讀是我的一切。

「喔，閱讀可能會有困難，你的大腦可能沒有辦法專注在所有的字上面。」

「好吧，去它的。」我那時候心想，還是維持現在的用藥好了，畢竟閱讀是我的天然抗憂鬱劑，我不想沒有它。

也不會有一種適合所有人的藥丸。不同種類的藥物會對不同的人起作用，有時候需要一些錯誤嘗試，才能找到合適你的藥。這通常會持續幾個禮拜的時間，這個時候你的身體正在調整，事情會變得有點不穩定。不要驚慌，這是正常的。

你也應該要記得，你不需要一輩子都服用抗憂鬱劑，這有點像是當你腿斷掉的時候打上石膏，石膏是為了幫助你痊癒和支撐受傷的腿。生活形態有了正確的改變，加上身體的復原和良好的支持網路，腿將會回復到健康狀態，屆時就能把石膏拿掉了。

這裡列出來的事絕對不算是藥物治療：

- 不是在情況變得非常非常糟糕的時候，才能求助於藥物。選擇藥物治療的人不見得是瀕臨崩潰，他們只是需要額外的支持。
- 藥物治療不是偽裝的快樂。我的藥物劑量不會給我偽造的情緒，我很憂鬱，但不是機器人，藥物在黑暗中鋪設出一條小小的道路，讓我可以感受到快樂，但它們並不是快樂本身。
- 它們不會改變你之所以是你的本質，它們不會改變你的個性。對我來說，藥物幫助我明白我是誰，以及如果我認真工作、尋求幫助，並且仁慈對待自己，我可以成為什麼樣的人。
- 接受藥物治療不會讓你變脆弱，它讓你變得積極主動，讓你掌管自己的狀況。
- 藥物治療不會扼殺你的創造力。憂鬱讓我沒有辦法有想像力地思考，甚至連想要的欲望都沒有。憂鬱讓我沒有辦法起床，或打開筆電，寫些東西。

- 藥物治療不會把你變成憤怒的藥物上癮者。
- 一旦停止藥物治療，並不會變成歇斯底里的女妖。不過，你可能會發現自己經常在哭泣。由於接受藥物治療的時候，大腦的很多的情緒被熨平了，所以它需要一段調適的時間，來理解什麼樣的反應才是正常的。如果你是《實習醫生》（Grey's Anatomy）的粉絲，你會記得克莉絲汀娜·楊（Cristina Yang）在失去寶寶時心碎哭泣的那一幕，她在嚎啕大哭和哽咽之間大喊：「我沒有辦法停下來！」沒有人知道該怎麼辦，直到她尖叫說：「給我鎮靜劑！」這就是我停藥那段期間的感受，但不是因為我失去了一個小孩，而是為了不是那麼痛苦的事情，像是找不到鑰匙，電車延誤了，或是要拿來加麥片的牛奶凝結了。這聽起來可能無法忍受，但並沒有持續太久。像克莉絲汀娜·楊一樣，我在幾個禮拜之內安然度過，又回復到有活力的樣子。

CHAPTER

13

當事情正在好轉的時候

REMEMBER THIS WHEN THINGS ARE GETTING BETTER

從在酒吧外面燙傷自己手臂到現在，已經一年了。狀況已經好轉，但我的感覺還是一樣。覺得自己像個傷心失落的人，傷口已經癒合，不用再綁繃帶袖套，但我卻無精打采，並且對於倦怠感到倦怠。

我想去參加一群朋友舉辦的生日派對，我的感情生活有一點不穩定，因此很想和能讓我笑的人們在一起（可能貼一張我在笑的照片，讓我正在約會的傢伙看到，沒有他，我過得多麼開心）。這群朋友決定要去的酒吧，正好是一年前那個影響我人生的晚上我去過的那一家。很顯然的，在斯多克紐因頓，倫敦媒體人喜歡去的酒吧並不多。

我內心蠢蠢欲動的樂觀，讓我覺得去那裡應該沒有關係，這個選擇至少比待在家裡，渴望某個我認為不會喜歡我的人來得好。沒有人知道上次我在那家酒吧發生過什麼事，但為了安全起見，我和上次也在那裡的朋友一起去，他知道這個地方有點算是我的雷區，他可以成為我的逃生出口，如果我需要快速脫逃，我可以依靠他。

準備去這場派對感覺像是準備上戰場，要讓我需要的東西各就各位。我告訴自己不能抽太多菸或喝太多酒（兩杯葡萄酒之後，我會改喝健怡可樂）。我也覺得需要有用的東西來武裝自己。我看著YouTube上的教學影片，往自己臉上塗抹化妝品，粉底和遮瑕膏是我的偽裝，它們使我感到充滿力量，像是已經準備好去做任何事。我穿上喜愛的洋裝和精緻的鞋子，事先跑到我朋友家，這樣我們就可以一起過去。我放了一瓶水和一些口香糖在包包裡，還有一本書，以防萬一我需要離開和閱讀的話。你永遠不會知道會發生什麼事。

走進酒吧，經過彩色小燈，我不禁顫慄了一下，裡面滿滿都是人，還有幾隻狗在各處。朋友們身旁有一大群其他的朋友，所以如果我需要脫困，就相對容易離開，而不被發現。沒有東西把我和酒吧綁在一起，我沒有被困住，我在裡面是出於自己的意志，當我想要的時候，我可以離開，情況在我的掌控之中。

我在那群人的邊緣坐下，嘗試融入對話。大部分的朋友都是在工作上認識的，所以很容易就會聊到辦公室政治，辦公室的新冰箱，還有接待區的沙發有多麼爛。當大家你一言我一語的時候，我瞥了後方一眼，那是一年前我坐過的位子，今晚坐著一對伴侶，正在分享一瓶紅酒。他們看起來如此平靜，好像是決定在晚上回家觀賞喜愛的連續劇之前，先來喝一杯。上一次我坐在那裡時所感覺的，似乎和他們的平靜完全不一樣。

有人問我目前周末都在做些什麼，我轉過身回來加入對話，我說我在看一部真實的犯罪紀錄片，然後回問相同的問題。這有點像是以前在學校玩的燙手馬鈴薯遊戲，大家圍成一個圓圈，每個人把裝了豆子的小袋子丟給別人，直到音樂停止，誰手上有「燙手馬鈴薯」，就得離開遊戲。對我來說，要主導這個對話就是燙手馬鈴薯，我在這個夜晚已經壓力夠大了，所以我只想靠在椅背上，聽其他人說話。我也需要足夠的空間來應付萬一出現的侵入式思想。

坐下來，聆聽，慢慢地啜飲我的酒，幫助我撐了兩個小時而沒有抓狂，唯一的問題是我很疲累，可以感覺到眼皮有一點點往下掉。和我一起來派對的朋友建議我們回家，我也覺得可以離開了。我們看了那部我實際上還沒有用他的投影機看過的真實犯罪紀錄片，用可樂配一大袋的鷹嘴豆泥馬鈴薯脆片。我成功了，我證明在壓力大的情況下自己也能夠應付，我安全過關，我對自己很仁慈，並且和朋友小聚。我做到了。

幾天以後，我試著回想讓我在這個事件中完勝的原因，除掉自己身上任何尖銳的物品、香菸和打火機是一個聰明的策略。我不覺得我是在監督自己，或是在扮演自己嚴格的父母，實際上我是在讓自己享受時光，停留在當下的那個時刻。當我需要上廁所時，小便完我會再回去，我不會坐在那裡，把手抓得滿是傷痕，也不會把大腿捏到瘀青，我想回去參與和聆聽。我給自己的那個沒有危機的夜晚，實際上是給我自己的一個非常寬容和體貼的禮物。

後來我再也沒有回去過那家酒吧，除非絕對必要，我不認為短時間內我會再回去。雖然我有一個很棒的夜晚，但為了新的日常和新的回憶，該是去新酒吧的時候了。

對我來說，「痊癒」的概念是擁有許多的經驗，就像我剛剛描述的那個一樣，但不一定永遠都是安全無虞。痊癒不是一張之前和之後的照片，不是從一個點到另一個點的直線旅程，我也有倒退的時候，已經學會的每一件事好像都被我甩掉一樣。即使到現在，我也會回到自我傷害的時候，喝太多酒，表現得危險或是沒有理性，而且拒人於千里之外。在這些時刻結束之後，我通常會咒罵自己沒有學會任何事而讓情況惡化。我傷害自己，然後看著鏡子心想：「拜託，我做這種鳥事也年紀太大了吧？我不是知道更多了嗎？」

即使你擁有所有的工具，也不代表你永遠知道要如何應用。不過，每一次挫敗之後，重拾掌控和找到正確工具的時間減少了。我不用連著好幾個月團團轉地失去控制，我可以限制在幾個星期內回復正常。有時候，我還能辨識症狀，並做好準備，準備應戰。

打擊自己是容易的，高聲駁倒自己是容易的，但對自己寬容則困難多了。停下來為目前為止我所做的一切感到驕傲，為請求幫助、接受看診、分享自己的問題而不是讓它們在我體內潰爛而感到驕傲。這一切可能會在有一些日子中全部捲土重來，但是沒有關係。這不是美國電視節目裡面的大改造，我不會推著裝滿我減掉的肥肉的推車走上舞臺。這不是全新版本的自己，我還是我，只是勇敢了一點，也有更好一點的心理準備，我依然可能必須要離開舞臺一下子，去處理一些事情，但是會馬上回來。我會再回來，不用擔心。

我也瞭解到，我的大腦不是我的敵人，有時候焦慮會積極地保護我。我叔叔與毀滅性的癌症勇敢對抗之後過世，我回到荷蘭參加喪禮。我與爸爸和手足們一起列隊走進教堂，看見叔叔直屬親人的痛苦，包括我的堂姊弟、嬸嬸和我爸爸，也就是他的哥哥，非常令人難受。

我視線轉離正在眨眼擠掉淚水的爸爸，環視周遭，注意到有那麼多人在那裡，一定有好幾百人。我的大腦告訴我，如果我現在絆倒會非常非常糟糕，你可以想像嗎？萬一你也把別人絆倒，他們又絆倒其他人，然後砰！棺材會掉下來，一切都會是你的錯！

當我安然無恙地在位子上坐下來的時候，仍然沒有辦法放鬆，平常出現的所有恐懼升了上來：想像如果現在嘔吐的話，想像如果昏倒的話，每個人都會認為你是個激烈誇張的人，每個人都會認為你想在他媽的喪禮上偷走眾人注目的焦點。

我知道我不能對我的淚水屈服，我的手足和爸爸分別坐在我的兩邊，我必須在那裡，我不能跑掉。我試著回想我所學到的一切，並拿出我的心理工具箱，好的，呼吸，好好地呼吸，讓肺部充滿空氣，然後慢慢地從嘴裡吐出來。我放鬆肩膀，握緊和放鬆拳頭，告訴自己要撐過去。我做到了。

喪禮之後，從教堂帶來的神經緊繃，過了好幾天才退去。在我飛回倫敦以後，它像冬季尾聲的雪一般慢慢地融化，逐日消失一點點，直到好像完全不見。那時候我才突然想到，霧已經散去，但還有一個訊息在我的腦子裡迴盪，等待著我去處理：我叔叔死了。我爸爸再也沒有弟弟了，我嬸嬸失去了她的先生，我堂姊弟失去了他們的爸爸，而教堂裡的那好幾百個人也都失去了某個人。

我無法在別人面前顯露悲痛，我偷偷到安靜的角落獨自哭泣。那天在教堂裡，焦慮給了我可以專注的事情，讓我全神貫注，直到我準備好放手，並且感受著叔叔過世的重要意義。很怪異的是，我對我奇怪的大腦心存感激，這一次它是試圖在幫助我。

痊癒

痊癒與學習、與一次往前邁進一步有關。當我挫敗的時候，我發現自己會完全被消極否定所吞併，它像洗衣機裡的衣服一樣在我腦袋裡翻滾，每一件事情都被覆蓋在黑霧裡。我很難感覺只是「有一點點糟」，感覺永遠近乎災難性的世界末日一樣。

嘗試改善的時候，我發現抓緊一些能讓自己開心的小事情相當重要，我可以採取一些小步驟，提供自己一條繩索，把我的心思從黑洞裡挖出來。這裡是我發現的一些我能夠倚靠的事情，可以讓災難感覺起來比較沒有那麼災難：

清單

這本書你既然已經看到這裡了，我想你大概已經收集了一份很好的清單。它們的好處，我說也說不完。清單有種強迫組織的感覺；如果沒有它，我會覺得完全漫無目標。

我的房間是已完成和半完成清單的埋葬場，我從來沒有一天沒有制定某種清單。即使是在假日，我會訂定打算閱讀的書目清單，或是在痱子冒出來之前想做多久的日光浴。清單可以瓦解生活中棘手的問題。「賺更多的錢」也變得更容易，如果指的事情是「自由投稿到某某地方」、「在星期天把整個星期的午餐做好」、「向以前的室友追討他們欠我的錢」。

我可以把我的清單分成未來和過去的。目標和待辦清單與未來有關，即使是下一個半小時要做的這種立即性的事情也是一樣。有些清單的功用則是通往過去的小階梯。我會把我認為困擾我一整天的所有事情列下來，我在焦慮些什麼？是什麼事情讓我覺得不舒服？這些感覺讓我想起了什麼？有趣的是，我工作生涯的第一份主要工作是在BuzzFeed，工作內容就是與訂定清單有關。身為專職寫手，我會採取某種固定的身分認同指標：「生性害羞」、「一個書蟲」，或是「兄弟姊妹當中年紀最長的人」，然後把這些事分成各種標題。很多人瞧不起這種寫作風格，但是我做這個工作做了將近三年，我學到清單其實會說故事。好吧，不是那種探索人類精神的偉大故事，但BuzzFeed風格的清單有敘述、開始和結束。

這也是除了BuzzFeed，我為什麼也接觸其它清單的原因，我想像一旦完成了任務和最後期限之後，在終點的自己，最後會有什麼感覺？我要怎樣達到那個感覺？

當我有了自己的《模擬市民》遊戲（The Sims）以後（我還要去找速度夠快的筆記型電腦，繼續玩我最愛的遊戲），我有個非常特別的玩法。我會選擇一個角色（通常和我自己非常相似，或是某個我想和他一起過夜的人）。按下暫停，讓螢幕頂端填滿我要他們採取的行動。然後按播放鍵，然後我就只是坐在那裡觀看活動的進行，希望變成紅色的能量棒回復到綠色，或最後讓那一對伴侶生了一個寶寶。當遊戲在進行的模式，按行動鍵會讓我很焦慮。在剛剛計畫了一組行動之後，我想要陶醉在近乎狂喜的解脫。現在我已經完成了困難的部分，最壞的已經結束，讓我們看結果吧。

我是我自己的模擬市民，有時候這個方法感覺有一點呆版，但是它給我操控的感覺。即使是在完全沒事做的一天，例如一個慵懶的星期天早晨，你唯一的任務是，當你願意費事下床的時候，去讓你的膀胱解放。即使是在這樣的一天，我也會列一份清單，上面可能寫著：「讀完某個章節，閱讀某個八卦部落格，寄給朋友一隻在網路爆紅的小狗。」其中沒有一件事情是特別難做到的，但是我做到這些事讓我感覺很好。

清單也幫助我創造一種持續性的感覺，對我來說，憂鬱和解離將日子模糊成一片的虛無。在某些日子裡，我必須停下手上正在做的事情，然後躺在地板上。

不是因為我累了，而是似乎沒有可能的方法讓我繼續做下去，所以我只能完全靜止地躺在那裡。我跳脫這個狀況的唯一方法就是，去想待辦事情清單。持續下去，做那一件事，從開始到結束。你辦得到。

手機軟體

我的電話散發出很多「不好的氛圍」。我可能會心情非常好，於是決定來看看那個可能有也可能沒有在和前男友交往的女生在做些什麼，然後突然覺得我的靈魂完全被清空。自從和那個戲院的大眾情人分手後，我比以前更心煩意亂，我發現自己無法停止地想著他，他占據了我大腦的每一吋地方。我一遍又一遍地重播分手的情節，回想每一件我所做的、造成他和我分手的事，也回想我說的每一句話。他想和我保持距離，因此我們沒有交談，所以我的想法沒有出處，只能在我的腦袋裡盤旋。

我試著離開屋子，和一個老朋友去看舞臺劇，也試著去看我最喜歡的攝影師的作品展覽，但是都沒有用。每一件事情、每一個地方、每一個畫面都讓我想到他，直到我終於放棄，回家，又完全投入腦袋中的分手迴圈。

離開威廉．布洛斯（William Burroughs，他一直是我病態迷戀的文學界人士）的展覽，搭電車回家的路上，對於這個徹底沒用的下午，無法和曾經非常熱中的事產生連結，我感到完全被打敗。我看著旁邊的人在玩手機遊戲《糖果傳奇》（Candy Crush），我很久沒有想到那個遊戲了。我曾經沉迷了一個月，後來有很多要額外付費的功能就放棄了。

我那個時候從軟體商店下載，開始玩了起來。最初幾關非常容易過關，所以可以立即獲得滿足，但在那之後大部分是靠運氣，如果你是《糖果傳奇》高手的話，你可以糾正我，但是這個遊戲並沒有牽涉到很多技巧。

在我察覺之前，電車已經抵達車站，我完全沒有想到前任。回到公寓，我揮手向室友打招呼，然後爬到床上。我做了一份我認為可以幫助我度過這段時間的分手電影清單，我大概看了五部，下一部是文斯．范恩（Vince Vaughn）的《求愛俗辣》（Swingers）。范恩看起來絕對不像我的前任，但我的眼睛把他的下巴和歪斜一邊的微笑和我前任融合在一起，在我發現之前，這部電影已經毀了。我關上筆電，閉上眼睛，無法擺脫自己的想法。

我抓起手機，從上次離開的地方繼續玩《糖果傳奇》。我能感覺到我的心思試圖離開，回到分手的痛苦深淵，但想要前往下一關的願望勝過墮落，我一連玩了好幾個小時。到了晚上，我發現從展覽之後我沒有再哭過，這是一個進步！一個朋友傳訊息問我是不是還好，我回答：「還撐得下去」，這是幾個星期以來我回給任何朋友的簡訊當中，最正面的一次。我回到我的遊戲，繼續玩到凌晨三點，然後睡著。我夢到膨脹的糖果在我的頭頂上快樂地爆炸開來。

一旦我的大腦能夠自動地不再想到我的前任，我就戒掉了《糖果傳奇》的習慣。我又開始閱讀，好好地看電影，甚至寫有一點焦慮的詩，不過這些是有幫助的。

我當然不是建議你為了趕走憂鬱，要把一天當中的每一秒都花在手機遊戲上。對我來說，把社群媒體裡面那些經常出現，並且讓我感覺很糟的人刪除，把時間花在消滅拐杖糖肯定是個進步，它讓我的一天有某種條理，我能夠起床，搭電車，甚至讓我有可以期待的東西。我最後到了第九十關，我不知道這樣厲不厲害，如果不是，請不要告訴我。

狗

當我看到狗的時候，大腦會發出一個高頻率的尖叫，我所能想到的就是盡可能地靠近那隻狗。最好的情況是，我可以撫弄那隻狗，但如果中間有東西擋住，或是主人對於一個瘋狂的金髮女人跑到愛犬身邊感到非常厭煩的話，光是站著看那隻狗，我也可以心滿意足。

沒有兩隻狗是相像的，牠們都非常的獨特、截然不同，而且聰明。我最喜歡老狗，享受過人生的狗給你的印象是，牠們可以告訴你二〇〇九年狗狗大戰（the Great Dog War of '09）的故事。我愛有點想要保護你的狗。當你感到傷心的時候，牠們會知道，而且會把頭靠在你的大腿上。

有人為我做過的最美好的事，就是跟狗有關。那是我被性侵之後，再度進出急診室，還有憂鬱症的發作，讓我非常低落，我不知道要怎麼做才能再把自己挖出來。

我的朋友D要我到克朗奇區（Crouch End）和他碰面，那邊離我住的地方很遠，我不想離開家，更別說是穿越倫敦的長遠路程，我的大腦對刺激會過度敏感。然而，D很堅持，而且我內心深處知道我需要和人在一起，我已經獨自在家和我的手機在一起太久，這看起來不大妙。

我起床，跳過已經連著六天沒有刷牙的動作，套上原本屬於我媽媽、上面有漂白斑點的連帽外套。我希望到那邊的路上不會遇見任何人，不過我把帽子往上拉，還有來自腋窩下汗水的腐敗味，應該會阻止大部分的人接近我。我在芬斯伯里公園（Finsbury Park）和D

碰面，我們搭公車到更北邊的克朗奇區，他說話的時候，我把頭靠在他的肩膀上，假裝我還在床上。

我們坐在克朗奇區的公園長椅上聊了一會兒，我漸漸地感到惱怒，我的意思是，我們大可以坐在我家附近的公園長椅。兩點的時候，D收到一個簡訊，我開玩笑說，他如果要傳簡訊給他眾多的女性仰慕者之一的話，我就要回家了。

他不理我，要我跟著他穿越街道來到街角的一間房子，我還是毫無頭緒發生了什麼事，我很確信的是，他在克朗奇區沒有認識任何人，尤其是擁有這棟漂亮宅第的人。一個極為亮眼的女人打開大門，她金色的頭髮和我的很像，當我有好好清洗的時候。她對D說了聲嗨，然後交給我們我這輩子見過最漂亮的黃金獵犬，「謝謝你遛米洛，」她說：「好的時候再帶牠回來，不急！」

她把門關上，我直視著D，不敢相信世界上我最喜歡的動物此刻正在嗅著我磨損的Converse帆布鞋：「這是真的嗎？」「沒錯，我們來遛米洛吧。」

原來是，熱衷使用約會軟體的D，發現一個值得每個人花時間的軟體：出借我的狗狗（Borrow my Doggy），這是一個讓狗主人和愛狗人士能夠連繫和互相幫忙的軟體。D以前曾經遛過米洛，牠的主人非常滿意，所以只要D願意，他隨時可以過來遛米洛。

米洛是一個奇妙的生物，我讓D握牠的牽繩，這樣我就可以跑到前面看著牠美好的臉龐。我們在公園裡面散步，我很驚訝有些人經過卻沒有注意到牠，我覺得想要大叫：「拜託，你們這些人！看看這隻漂亮的狗，看看牠！」

我們在公園咖啡廳吃三明治的時候，米洛耐心地坐在我們旁邊。對我來說，米洛的魔力是，牠吸引了我所有的注意力，不是因為牠是個麻煩，而是因為牠是如此的漂亮和溫和，我沒有辦法不看著牠。我專心注意著看牠在做什麼，牠的表情是什麼，牠走路的樣子，牠在笑什麼。牠是我逃離憂鬱症的小徑，即使只有一天。

接下來的下午時光是單純的喜樂，它讓我想到未來，或許有一天我會養一隻和米洛一樣的狗。溜米洛幫助我出門，伸展雙腿，這是幾個禮拜以來，我第一次呼吸到沉滯在我房裡以外的空氣。

如果某個你愛的人正在艱困奮戰（而他們剛好也是愛動物的人），找一星期中比較安靜的那一天，帶他們到動物園或水族館、遛狗，或是到農場，提醒他們動物的存在，愛動物是如此簡單又有助恢復健康的事。米洛讓我想起所有孩童時代遇見的狗，看到我哭的那隻狗，還有接住我的網球的那隻狗。米洛也給了我離開自己、稍微喘息的機會，那是我非常需要的。米洛，希望你正在讀這篇文章。

法網遊龍

很多電視節目一次就把所有內容呈現出來，讓你只能選擇一口氣從頭看到尾，而沒辦法好好吃點東西，或是打扮一下。你只能坐在那裡與沙發融為一體，只會偶爾提醒自己要去尿一下。

對我來說，當我憂鬱的時候，不受節制帶給我一種安慰，我不認為那全部都是不好的。當我的大腦整個靜止時，不可能專注在任何事情上，我無法閱讀，不能睡覺，聽不下任何人說的話。我能夠做的只有追劇，不是看以前看了很多次的電視節目，像是《歡樂單身派對》和《公園與遊憩》（Parks and Recreation），就是非常公式化的節目，像是破案或犯罪節目《法網遊龍》（Law & Order），或《傲骨賢妻》（The Good Wife）。

觀賞《公園與遊憩》這樣的節目，我感覺好像是回到家一樣，進入龐尼小鎮（Pawnee）的世界像是假日回到我家裡，我很熟悉那個地方，我知道裡面的角色和他們的故事，我知道哪一個笑話會讓我由笑轉哭，我知道要跳過哪一集，因為劇情不像別集那麼好看。也不會有看太多集的風險，不會再有新的《公園與遊憩》，不會有一時的衝動要一路看到結局，當我收看的時候，我只要從頭開始看就好，沒什麼大不了。

第二種類型的節目像是《法網遊龍》(Law & Order),它的情況是大部分案件都能夠破案,而且都結束得相當俐落,這能讓我得到寬慰。這個節目不完全能用「輕鬆愉快的心情來觀看」,很多靈感來自於真實生活的悲劇,它們發生在美國各個犯罪氾濫的城市。但是《法網遊龍》有值得信賴的敘事架構,讓人容易瞭解。

另一件事是,《法網遊龍》、《犯罪心理》(Criminal Minds)、《螢火蟲》(Firefly),或甚至是《辛普森家庭》(The Simpsons)這類節目,每一集的劇情並不連貫,故事是獨立的。每次你舒服地坐下來看一集節目,看到的就是衝突和解答。你可以挑任何一集來看,或是不同季的劇集跳著看,你也可以後退回去任何你想看的地方。《法網遊龍》有很多集,這讓我覺得平靜,我沒有必須在一個周末看完一整季的壓力,因為後面還有很多。我的大腦喜歡這個節目,它喜歡從一個問題跳到下一個問題,但是不必由它自己來解答,劇中有非常好的偵探來做那件事。

記錄所有這些讓我感受良好的事情:狗、電視劇集、手機遊戲,讓我明白這些小事使我多有活力,以及儘管發生了那一切,我仍多麼希望活下去。即使在我最黑暗的時刻,站在地鐵月臺的盡頭,或是拿著剃刀靠近手腕,我的內心存在著關於生命的一口井。我想要品嘗、感受和觸摸,我想要被記得,我想要幫助其他人,還有我真的希望能夠幫助我自己。

我不可能看著自己為了變好盡了一切努力，然後心裡想：「哇，真是個懶鬼。」我已經做了很多事，我還會持續下去，我為了活著這件事，如此堅定和盡心盡力，我很驕傲。我知道所有問題的背後，有一個熱愛生活的人，她喜歡高空滑索、鯊魚、在野外游泳、嬰兒第一次笑的時候。我盡可能試著讓那個部分活起來，只是當憂鬱像一噸磚塊一樣砸向我的時候，這特別困難。「活著」的那部分的我，只能靜靜躺著，直到暴風雨過去。對我來說，感覺活著代表了享受一些新事物，以及挑戰與大腦或身體有關的事。新奇讓我感覺精力充沛，學習一項新的技巧讓我感到自豪，即使是嘗試新的事物卻立即失敗之後（例如去上特技表演課的時候），回家後我記得的是享受了多少樂趣。

其他讓我覺得活著的事情：

- 甘草鹹到不行，所以吃完後得吸吮舌頭。
- 沖熱水澡，然後光著屁股在房子裡走動。
- 在腳趾甲塗上霓虹色。
- 讀到一首好到直衝腦門的詩。
- 寫一首自己的詩，肯定不會一樣好，但是沒有關係。

・在地板上躺平，在黑暗中聆聽電臺司令
・跳到冰凍的池塘裡面。
・在那個冰凍的池塘裡待得比平常更久。
・倒立。
・倒立，沒有倒下來。
・早晨起床就去散步。
・搭電車到一個新的城市，走出車站，對周遭環境完全陌生。
・日落的時候拍攝朋友在林子裡的照片。
・和朋友一起游泳，但實際上的熱量消耗是來自笑聲，而不是游泳。
・在雨中慢慢地騎腳踏車。
・午夜在空蕩的街道上快速地騎腳踏車。
・快速地騎腳踏車，一邊聲嘶力竭地唱電臺司令的歌〈怪胎〉。
・達到非常棒的高潮，然後躺著直到它慢慢退去，覺得每一件事都很簡單。
・參加一場音樂會，挑戰自己在每一首歌之後都往前靠近一吋。
・一口氣跑到海裡，而不是踮著腳尖一步一步走進去。

・為某個人煮包含三道菜的一餐。
・看到一件吸引我停下的藝術品，盯著它看到背痛。
・走進充滿吼叫聲的足球場。
・參加一場遊行或抗議活動。
・從頭開始創作一首歌，最好是在沖澡的時候。
・搭雲霄飛車，而且不大相信我剛剛從三倍螺旋迴轉存活下來。
・看到家人在機場出口等我。
・去看一場讓我哭泣的舞臺劇。
・擁抱一隻以前遇過的狗。
・擁抱一隻以前沒有見過的狗。
・擁抱一隻狗，任何一隻狗，每一隻狗。

CHAPTER

14

感到悲傷的時候

REMEMBER THIS WHEN YOU’RE SAD

大女孩不哭，她們是他媽的哀號、慟哭、啜泣、嚎叫，把一桶一桶的淚水往街道傾倒，直到氾濫成災。

我經常哭，不只是因為我的心理問題。事實上，憂鬱很少讓我哭。憂鬱把我內心的真實情緒猛拉出來，然後注入一股寒霧，縈繞在我體內的每一個通道。我哭是因為我很敏感，容易被事情觸動。有時候我喜歡坐在只放了一點水的浴缸裡，哭得痛徹心扉。有些人喜歡光著身子到處走或是拚命自慰，但我喜歡哭。

由於臉書，我每天都哭。人們喜歡分享完成不可思議的壯舉這類動人影片，我也花了大半的工作時間在製作這類影片，我完全明白它們是如何運作的，什麼東西可以打動人心，然而我還是無法免疫。有一系列的影片總是能打動我，當我看見可愛的老爺爺時，我哭不是因為他們老了（抱歉），而是因為那些爸爸為了孩子做出美好的事情。

我知道這或許沒那麼神奇，父母親都會為了孩子做出貼心的事，所以這並不會讓二十幾歲的女人坐在自己的位子上哭。無論如何，我只是個平凡人。有個影片是一個爸爸對著鏡子，為他蹣跚學步的女兒進行一段鼓舞人心的演講，我的鍵盤很快就被眼裡滴落的鹹水淋濕了。

沒上網的時候，我也會哭。一樣容易哭。有一次是因為一顆被我踢到馬路上的小卵石，被一輛車子輾過，我告訴自己我是屠殺小卵石的人。當事情沒有依照我預期的方式進行，例如：當我把銀行卡留在家裡時，當我去朋友家過夜卻忘記帶藥時，或是有人在手扶梯撞到我時，我也會哭。

有時候我哭的原因沒什麼特別的道理（例如小卵石），但是我一旦察覺到熱淚盈眶，就完全無法阻止潸潸滑落的淚水。夏天的時候，我喜歡穿著特大號的服裝來掩藏我湧現的哀傷，冬天就比較棘手，但通常可以把它歸咎於刺骨的寒風。

我很投入在哭泣的原因之中，因此開始隨手記下所有能讓我好好大哭一場的公眾場合。這些地方很有用，它們不引人注目、也滿舒適的，或是完全適合我悲慘的心情。看看是否有哪一個適合你：

- 在公車上層的前座
- 在一間比克拉姆（Bikram）瑜珈教室
- 在Uber的後座
- 在你最喜歡的書店裡的心理勵志專區
- 獨自在浪漫的公園裡划船
- 在現代藝術博物館

- 在郵局排隊
- 排隊接受機場安檢
- 排隊等候夜間公車
- 在空蕩蕩的電影院裡
- 在麥當勞的球池裡
- 沖澡的時候
- 在健身房沖澡的時候
- 在任何該死的沖澡的時候
- 在自助結帳機前面
- 在鐘塔上面
- 在工作場合的大型影印機旁邊
- 在超市熟食區前面
- 在雲霄飛車上面
- 在滑水道上面
- 在狗展

．在一個可以抱怨引發你過敏的花園中央
．在百貨公司的新娘專區
．在碼頭邊
．按摩的時候
．在酒吧後面的桌子底下
．在髮廊裡，當他們展示你的新髮型時
．宜家家居（Ikea）的任何地方，但更好的是，如果你走得到盡頭的倉庫，那裡的每個人都很疲憊，你不會是唯一在哭泣的人

關於哭泣，我可以這樣沒完沒了講個不停，因為我不認為哭有什麼不對。大部分的日子裡，我的情緒都非常緊繃而耗弱，我可以一下子感覺擁有一切，下一刻卻馬上陷入絕望，覺得人生像狗屎，永遠不會有好事。我很可能無法把情緒管理得比現在更好，更不可能完全改變。我永遠會是有些人說的「有一點太誇張」、「有一點太緊繃」，人們說我「瘋狂」、「不穩定」、「有破壞性」、「有負擔」、「不負責任」，還有經典的「你會孤獨而死」。

好吧，我可能會。但在這之前，我絕對會盡最大的努力。我會盡可能活著，我會承擔

風險，並且照顧我自己和我所愛的人。當我覺得安全的時候，我會不時地放手，並且回到世界裡，看看這個世界要給我什麼體驗。

十四歲的時候，在飲食失調和自我傷害發生之前，有一天我剛從學校的舞會回家。我們住在卡達杜哈（Doha）的園區裡，裡面停滿了荒原路華（Range Rovers），還有女傭和私人泳池。那是個怪異的世界，而且只會是我短暫的世界。有個朋友載了我一程後讓我下車，在我進屋子和爸媽打招呼之前，我決定到園區的公共泳池。

我身上還穿著舞會的橘色洋裝，腰間繫著黑色腰帶，我覺得很漂亮，或許甚至很迷人，我喜歡它在我身上的樣子。我和一個我很迷戀、名叫麥克斯的金髮男孩調情。我是第一批跳舞的女生之一，整個下午都讓我覺得很振奮。泳池沒有人，夜已深，黑暗像圓頂一樣籠罩著這個地方。

我走到泳池邊緣，轉身，最後跳的那首歌還在大腦裡縈繞：巴斯達韻（Busta Rhymes）和瑪麗亞．凱莉的〈寶貝，如果你託付給我的話〉（Baby If You Give It to Me）。我跟著歌曲哼唱，然後放聲唱出來，就像是把蒲公英吹向風中。我閉上眼睛，深吸一口氣，讓自己往後倒向微溫的水池。我仰躺著漂浮在水面上，仰望天空，彷彿它是房子的屋頂。當我漸漸疲累，我爬出泳池，脫掉洋裝，用別人沒帶走的紅色毛巾把自己包起來，走路回家，一邊對自己小小的冒險滿意地微笑。

每當事情變得艱難的時候，我就會回想起在游泳池的感覺。這是一種熱情洋溢的放任、放手，以及對自己有一點驕傲的感覺。有些人希望回到子宮的安全感，我則想要回到那個晚上的安全感，當時我年少輕狂，並且滿懷樂觀想法。

當我悲傷的時候，不是悲傷得想哭，而是非常他媽的悲慘的時候，我會想起我有多麼幸運，我仍然擁有這麼多可以往後躺的泳池。我要創造新的旅程、訴說許多故事，我不能改寫過去，但是可以把它當成未來的指南。我有數不清的書要看，有更多音樂待發掘。我可以迷失在小事物的美麗之中，例如：某個人額頭上的一道皺紋、一個酒窩、一張明信片、一片橘子皮、一罐削鉛筆屑。我還沒遇過的事還很多，等著讓我驚嘆的事物也很多。我過去曾經愛過，我現在也能夠愛，我會繼續學習怎樣愛得比現在更好。

未來令人激動；但只要我願意，現在也可以一樣令人興奮。人生充滿了變化，我也一樣，我可以改變我的觀點、我的行為。我可以洗心革面，我可以改進，我可以努力工作。我是勇敢的，有時候我是堅強的，而且我對這兩個特質都心存感激，我從未經歷過無法克服的事情。

所以請記得：有時候，人生真的是他媽的非常困難，但如果你堅持下去，就像持續翻閱這本書一樣，你會做得很好的。

有時候，不加油也沒關係

Remember This When You're Sad: A book for mad, sad and glad days (*from someone who's right there)

作者　瑪姬・凡艾可（Maggy Van Eijk）
譯者　林麗雪、吳盈慧
木馬文化社長　陳蕙慧
副總編輯　李欣蓉
編輯　楊惠琪
行銷　李逸文、尹子麟、姚立儷
讀書共和國社長　郭重興
發行人兼出版總監　曾大福
出版　木馬文化事業股份有限公司
發行　遠足文化事業股份有限公司
地址　23141 新北市新店區民權路 108-3 號 8 樓
電話　02-22181417
傳真　02-22188057
郵撥帳號　19588272 木馬文化事業股份有限公司
法律顧問　華洋國際專利商標事務所　蘇文生律師
印刷　成陽印刷股份有限公司
初版　2019 年 10 月
定價　330 元

國家圖書館出版品預行編目 (CIP) 資料

有時候，不加油也沒關係 / 瑪姬 . 凡艾可 (Maggy Van Eijk) 著 ; 林麗雪 , 吳盈慧譯 ;
-- 初版 . -- 新北市 : 木馬文化出版 : 遠足文化發行 , 2019.10
面 ;　公分
譯自 : Remember this when you're sad : a book for mad, sad and glad days (*from someone who's right there)
ISBN 978-986-359-730-8(平裝)
1. 心理衛生　2. 生活指導
172.9　　108016182